LE DOUAIRE

DES ENFANTS

PAR

LUCIEN MARCHANT

DOCTEUR EN DROIT

LAURÉAT DE LA FACULTÉ DE DROIT DE LILLE

La même justesse d'esprit qui nous fait écrire de bonnes choses nous fait appréhender qu'elles ne le soient pas assez pour mériter d'être lues.

LA BRUYÈRE. CARACTÈRES. CH. I.

PARIS

LIBRAIRIE DE LA SOCIÉTÉ DU RECUEIL GÉNÉRAL DES LOIS ET DES ARRÊTS

FONDÉE PAR J.-B. SIREY, ET DU JOURNAL DU PALAIS

ANCIENNE MAISON L. LAROSE et FORCEL

22, RUE SOUFFLOT, 22

L. LAROSE, DIRECTEUR DE LA LIBRAIRIE

1899

LE DOUAIRE DES ENFANTS

LE DOUAIRE

DES ENFANTS

PAR

Lucien MARCHANT

Docteur en Droit

Lauréat de la Faculté de Droit de Lille

> *La même justesse d'esprit qui nous fait écrire de bonnes choses nous fait appréhender qu'elles ne le soient pas assez pour mériter d'être lues.*
>
> La Bruyère. Caractères. Ch. i.

PARIS

LIBRAIRIE DE LA SOCIÉTÉ DU RECUEIL GÉNÉRAL DES LOIS ET DES ARRÊTS

FONDÉE PAR J.-B. SIREY, ET DU JOURNAL DU PALAIS

Ancienne Maison L. LAROSE et FORCEL

22, Rue Soufflot, 22

L. LAROSE, directeur de la librairie

1899

ERRATA

Page 5 : Au lieu de « *Balezius* » lire « *Baluzius* »

Pages 6, 46, 47, 48, 49 et autres : Au lieu de « *Jean des Maré* »
lire « *Jean des Marés* »

Pages 11, 65 et autres : Au lieu de « *Challine* » lire « *Chaline* »

Page 13 : Au lieu de « *Genoulhiac* » lire « *Ginoulhiac* »

Page 15, note 1 : Au lieu de « *chap. XVII § III* » lire
« *chap. XVI § V* »

Page 33, note 3 in fine : Au lieu de « *la coutume d'Artois* » lire
« *le coutumier d'Artois* »

Page 34, note 2 : Au lieu de « *art. 495* » lire « *art. 158* »

  »   »   »   « *art. 1694* » lire « *art. 169* »

Page 43, ligne 12 : Au lieu de « *la coutume rédigée de Clermont,
commencée en...* » lire « *la coutume rédigée de Clermont,
commentre en...* »

Page 55, note 4 : Au lieu de « *Clermont (1631)* » lire « *(1539)* »

Page 95, § I : Au lieu de « *il semble qu'on n'a pas* » lire « *il semble
qu'on a pas* »

Page 123, § I : Au lieu de « *si nuptiæ sequntur* » lire « *si nuptiæ
sequantur* »

Page 168, § I : Au lieu de « *ils luttent damno vitando* » lire
ils luttent « *de damno vitando* »

BIBLIOGRAPHIE

SOURCES ET HISTORIQUE DU DOUAIRE

*Monumenta Germaniæ historica, inde ab anno Christi quingente-
simo, usque ad annum millesimum et quingentesimum.*
Hanovræ, 1837. 4 vol. in-fol.

*Capitularia regum francorum additæ sunt Marculphi Monachi
et aliorum formulæ veteres et notæ doctissimorum virorum,
Stephanus Balezius, tutelensis, in unum collegit.* Parisii,
1780, 2 vol. in-fol..

Codes legum antiquarum ... ex bibliotheca Fred. Lindenbrogi.
Francforti, 1613. 1 vol. gros in-4°.

Recueil de formules usitées dans l'empire des Francs, par
Eugène de Rozière. Paris, 1859. 4 vol. in-8°.

*Le Conseil de Pierre de Fontaines ou Traité de l'ancienne juris-
prudence.* Edition A. J. Marnier. Paris, 1848. 1 vol. in-8°.

Les Établissements de Saint-Louis, par M. Viollet (Société de
l'Histoire de France). Paris, 1881. 4 vol. in-8°.

Li Livres de Jostice et Plet. Edition Rapetti. Paris, 1850.
1 vol. in-4°.

Li Coutumes de Beauvoisis, par Philippe de Beaumanoir
(Société de l'histoire de France). Edition du C^to Beugnot.
Paris, 1842. 1 vol. in-8°.

Coutumier d'Artois, publié d'après les Ms. 5242 et 5249 (fonds
français) de la Bibliothèque nationale, par A. Tardif.
Paris, 1883. 1 vol. in-8°. (Une autre édition se trouve au
coutumier général d'Artois, par Maillard, 2 tomes en
un vol. in-fol. Paris, 1739).

Grand Coutumier de Normandie, textes critiques, publiés avec
notes et éclaircissements par Tardif. Paris, 1881, 2 vol.
in-8°.

Ancien Coutumier inédit de Picardie, contenant les coutumes
notoires, arrêts et ordonnances des cours de Picardie
au début du XIVᵉ siècle, par Marnier. Paris, 1848.
1 vol. in-8°.

Coutumes tenues toutes notoires et jugées au Chatelet de Paris,
par Messire Jean des Maré, de 1300 à 1397, à la fin du
commentaire de Brodeau sur la coutume de Paris.

Le Grand Coutumier de France. Édition La Boulaye et Dareste.
Paris, 1868, 1 vol. in-8°.

La Coutume de Lorris-Orléans, dans l'édition de Thaumas de
la Thaumassière, dans les coutumes locales de Berry.
Paris, 1 vol. in-fol.

Coutumes locales du baillage d'Amiens, rédigées en 1507,
publiées par A. Bouthors. Paris, 1845. 2 vol. grand in-4°.

Ordonnances des rois de France de la troisième race, recueillies
par ordre chronologique, avec renvoi des unes aux
autres et sommaire des observations sur le texte, par
M. de Laurière, avocat au Parlement. Paris, 1723. 21 vol.

Inventaires et documents publiés par ordre de l'Empereur
sous la direction de M. le comte de la Borde : *Layette du
trésor des Chartres,* par M. Alexandre Teulet, archiviste
aux archives de l'empire. Paris, 1863. 3 vol. in-fol.

RECUEILS DE COUTUMES

COMMENTAIRES SUR LES COUTUMES

Les Coutumes générales et particulières de France et des Gaules,
corrigées et annotées, etc., par Mᵉ Charles du Moulin,
avocat au Parlement. Paris, 1604. 2 vol. in-fol.

*Nouveau Coutumier général, ou corps des coutumes générales
et particulières de France et des provinces réunies sous le*

nom de Gaules, par Me Charles Bourdot de Richebourg, avocat au Parlement. Paris, 1724. 4 vol. in-fol. -- Le même ouvrage existe aussi en 8 tomes in-fol.

Coutumes de la prévoté de Paris, commentées par Me Julien Brodeau, avocat au parlement, 2e édition, augmentée de notes, etc. Paris, 1669. 2 vol. in-fol.

Commentaire sur la coutume de Paris, de Me Louis Charondas le Caron, jurisconsulte parisien, au tome I de ses œuvres, complètes en 2 vol. in-fol. Paris 1637.

Commentaire sur la coutume de Paris, au tome III des œuvres générales de Me René Chopin, en 5 vol. in-fol. Paris, 1662.

Traité de Me Duplessis, ancien avocat au Parlement, *sur la coutume de Paris*, avec notes de MM. Berroyer et de Laurière. Paris, 1754. 2 vol. in-fol.

Corps et Compilation de tous les Commentaires anciens et modernes sur la Coutume de Paris, par Me Claude de Ferrière. Paris, 1714. 4 vol. in-fol.

Commentaire sur la coutume de Senlis, par Me Jean Ricard, avocat au Parlement (à la fin de son traité des donations). Paris, 1688. 2 vol. in-fol.

Le Coutumier de Vermandois, contenant les Commentaires de MM. 1° de Buridan et de la Fons, *sur le Vermandois*. — 2° les nouvelles observations de M. d'Héricourt. — 3° Commentaire de Godet et Billecart, *sur Châlons*. — 4° De Buridan, *sur Reims*. — 5° De Vrevin, *sur Chaulny*. 2 vol. in-fol. Paris, 1728.

Commentaire sur la coutume générale du baillaye d'Amiens et sur la coutume locale de la ville, prévoté et banlieue dudit Amiens, par Jean du Fresnes, avocat en la Cour du Parlement. Paris, 1662. 1 vol. in-fol.

Le Coutumier de Picardie, contenant les Commentaires de Heu et Ricard, *sur Amiens*; de Gosset, *sur Ponthieu*; de Le Caron, *sur Péronne, Montdidier, Roye*; de la Villette, *sur lesdits lieux*; de Dubours, *sur Montreuil*; de Le Roy de Lozembrune, *sur le Boulenois*. Paris, 1726. 2 vol. in-fol.

Coutumes générales d'Artois, avec notes, par Me Adrien Maillard, avocat au Parlement. Paris, 1739, 2 tomes en un vol. in-fol.

Coutumes de Châlons, avec commentaires par M⁰ Louis Billecart, avocat au Parlement. Paris, 1626. 1 vol. in-4°.

Coutumes du baillage de Troyes, avec les commentaires de M⁰ Louis le Grand, conseiller au présidial de Troyes. 4⁰ édition, avec le cahier des *Coutumes du baillage de Troyes*, rédigé en 1494 et le procès-verbal de 1496. Paris 1757. 1 vol. in-fol.

Les remarques d'Abraham Fabert sur les *Coutumes générales du duché de Lorraine*, baillage de Nancy, Vosges et Allemagne. 1 vol. in-fol. Metz 1657.

Coutumes de Bourgogne commentées et conférées avec toutes autres de France, par J. Bouvot, docteur ès-lois, avocat au Parlement de Dijon, avec un autre petit commentaire sur la même coutume, escrit sous le roy François 1⁰ʳ, par Hugues Descousu, et un troisième y joint quelques arrêts dudit Parlement de Dijon. Genève 1632.

Coutumes du duché de Bourgogne, avec observations de M⁰ Bouhier, président à mortier au Parlement de Bourgogne. 2 vol. in-fol. Dijon 1742. (Il existe une autre édition de 1762.)

Coutumes générales et locales du pays de Bourbonnais, avec commentaire, par messire Mathieu Aroux des Pommiers, prêtre, docteur en théologie. Paris 1732. 1 vol. in-fol.

Commentaires aux Coutumes du duché de Bourbonnais, rapportés aux mœurs et observances du pays de Bourgogne, Berry, Auvergne, Marche, Nivernais, etc., par M⁰ Jean Duret, jurisconsulte de Moulins. Lyon 1584.

Coutumes du pays et duché de Bourbonnais commentées de nouveau par Jacques Pothier, avocat au Parlement. Paris, 1654. 1 vol. in-4°.

Coutumes locales et générales du pays et duché de Bourbonnais, par Claude-Marie Rouyer, avocat au Parlement. Moulins, 1779. 1 vol. in-4°.

Les coutumes du pays et comté de Nivernais, au tome II des œuvres de M⁰ Guy Coquille, Sieur de Romenay. Bordeaux, 1703. 2 vol. in-fol.

Coutumier général, ou corps et compilation sur la coutume du comté et pays de Poitou, avec la conférence des autres coutumes, les notes de M⁰ Charles du Moulin et de nouvelles observations sur le tout, tant de coutumes que de droit écrit, par M⁰ Joseph Bouchel, avocat au siège royal de Dorat. Paris 1727. 2 vol. in-fol.

Nouveau commentaire sur la coutume de La Rochelle et du pays d'Aunis, par M⁰ René Josué Valin, ancien avocat au présidial de La Rochelle. 3 vol. in-4⁰. La Rochelle, 1757.

Coutumes du pays et duché d'Anjou, avec le commentaire de M⁰ Gabriel Dupineau. Paris, 1698. 1 vol. in-fol.

Commentaire sur la coutume d'Anjou, traduite du latin par M⁰ René Chopin, au tome I des œuvres complètes de René Chopin. Paris, 1662. 5 vol. in-fol.

Coutume du baillage de Grande Perche et autres terres, avec notes. Paris, 1669. 1 vol. in-12.

Coutumes générales du pays et duché de Bretagne avec la paraphrase sur icelle par M⁰ Pierre Belordeau. Paris, 1628. 1 vol. in-4⁰.

Œuvres de M⁰ Henri Basnage, écuyer et seigneur de Franquesnes, avocat au parlement. 4⁰ édition. Rouen et Paris, 1778. 2 vol. in-fol.

Coutumes de Normandie, expliquées par M⁰ Pesnelle, avocat au Parlement. 2⁰ édition. Rouen, 1727. 1 vol. in-4⁰.

Coutumes d'Orléans, commentées par M⁰ Delalande, ancien conseiller au présidial et professeur de droit à Orléans. 2⁰ édition, augmentée par M⁰ Philippe Auguste Perreaux. Orléans, 1704. 2 vol. in-fol.

Coutumes du duché, baillage et prévôté d'Orléans, par M⁰ Pothier, conseiller au présidial d'Orléans. Paris, 1772. 1 vol. in-4⁰.

Les Coutumes du duché et baillage de Chartres, avec notes et apostilles, par M⁰ I. Couart. Paris, 1630. 1 vol. in-8⁰.

Coutumes locales de Berry et de Lorris, par Thaumas de la Thaumassière. 1 vol. in-fol.

OUVRAGES GÉNÉRAUX D'HISTOIRE DU DROIT

TRAITANT A FOND DU DOUAIRE
ET TRAITÉS SPÉCIAUX SUR LA MATIÈRE

Traité du douaire, par Me Philippe de Renusson. Paris, 1690.
1 vol. in-4°.

Pothier. *Traité du douaire* au tome VI des œuvres de Pothier,
annotées et mises en corrélation avec le Code civil et la
législation actuelle, par M. Bugnet, professeur à la
Faculté de droit de Paris. Paris, 1846. in-8°.

Traité des successions, par Me Denys Le Brun, avocat au
Parlement, augmenté de nouvelles décisions et remarques
critiques, par Me François Bernard Espiard de Saux, président à Mortier honoraire au Parlement de Besançon.
Paris, 1743. 2 vol. in-fol.

Le droit commun de la France et de la Coutume de Paris, par
Me François Bourjon, avocat au Parlement. Paris, 1770.
2 vol. in-fol.

Les œuvres de Me Jean Bacquet, avocat du roy en la Chambre
du trésor, augmentées de plusieurs questions, décisions
et arrêts, par Me Claude de Ferrière, avocat au Parlement. Paris, 1688. 1 vol. in-fol.

Loysel. *Institutes Coutumières*, avec notes d'Euzèbe de
Laurière. Édition La Boulaye et Dupin. Paris, 1846.
2 vol. in-8°.

Institution au droit français, au tome II des œuvres de
Me Guy Coquille. Bordeaux, 1703. 2 vol. in-fol.

Pandectes ou Digeste du droit français, au tome I, et mémorables observations du droit français, rapportées au civil
et au canonique, au tome II des œuvres complètes de
Charondas le Caron, jurisconsulte parisien. Paris, 1637.
2 vol. in-fol.

Institution au droit français, par M°Argou, avocat au Parlement, 9° édition, revue et corrigée et augmentée, par Boucher d'Argis, avocat au Parlement. Paris, 1762. 2. vol. in-12.

Méthode générale pour l'intelligence des Coutumes de France, par M° Paul Challine, ancien avocat au Parlement. Metz, 1724, 1 vol. in-4°.

Répertoire raisonné et universel de jurisprudence civile, criminelle, canonique et bénéficiale, ouvrage de plusieurs jurisconsultes, mis en ordre et publié par M. Guyot, écuyer et ancien magistrat ; au tome VI, Verbo Douaire. Paris, 1784.

La nouvelle pratique civile, criminelle et bénéficiale, ou le nonveau praticien français, par feu M° Lange. Paris, 1755. 2 vol. in-4°.

RECUEILS D'ARRÊTS

Recueils d'arrêts notables des cours souveraines de France, par Jean Papon, conseiller du Roi. 1 vol. gros in-4°. Pont-à-Mousson. 1608.

Arrêts de la Cour prononcés en robes rouges, colligés et recueillis. par M° Jacques de Montholon, avocat au Parlement. Dernière édition. Paris, 1645. 1 vol. in-4°.

Recueil de jurisprudence civile des pays, écrits et coutumiers, par ordre alphabétique, par M° Guy Rousseaud de la Combe, avocat au Parlement. 3° édition. Paris, 1753. 1 vol. in-4°. Verbo : douaire.

Questions notables de droit décidées par plusieurs arrêts de la Cour du Parlement, par Claude Leprestre, conseiller à la Cour du Parlement de Paris, augmentées par G. Guéret, avocat au Parlement. Paris, 1679, 1 vol. in-fol.

Réponses ou décisions du droit français, confirmées par arrêts des cours souveraines de France. Paris, 1612, par Charondas le Caron.

Résolution de plusieurs notables, célèbres et illustres questions de droit tant romain que françois, par Charondas le Caron, au tome II de ses œuvres complètes en 2 vol. in-fol. Paris, 1637.

La jurisprudence du Palais réduites en maximes tirées et compilées du droit des arrêts, des ordonnances et de la Coutume de Paris, par Me Laurent Jovet, ancien avocat au Parlement. Paris, 1676. 1 vol. in-4º.

Nouveau recueil de questions notables, tant de droit que de coutumes, jugées par arrêts des audiences du Parlement de Paris, depuis 1640 jusqu'à ce jour. Paris, 1682. 2 vol, in-fol.

Recueil des arrêts rendus sur plusieurs questions jugées dans des procès de rapport en la quatrième Chambre des enquêtes, par M*** (Grainville), conseiller du roi en cette Chambre, Paris, 1750. 1 vol. in-4º.

Recueil de plusieurs arrêts du Parlement de Paris, pris dans les mémoires de Me Georges Louet, conseiller du roi au Parlement de Paris, avec autres arrêts, notables décisions, recueillis par feu Me Brodeau, avocat à la Cour. Paris, 1683. 2 vol. in-fol.

Journal du Palais ou recueil des principales décisions de tous les Parlements et cours souveraines de France, par Me Claude Blondeau et Gabriel Guéret, avocats au Parlement. 3e édition. Paris, 1723. 2 vol. in-fol.

Journal des principales audiences du Parlement de l'an 1623 à 1657, avec les arrêts intervenus en icelles. Edition revue et augmentée d'arrêts et règlements sur procès par écrit, placés selon l'ordre des temps, par Me Jean du Fresne, avocat au Parlement. 7 tomes en 8 vol. in-fol. Paris, 1692.

Consultations de Me Duplessis, ancien avocat au Parlement, à la fin de ses œuvres complètes. 2 vol. in-fol. Paris, 1754.

Dictionnaire des arrêts ou jurisprudence universelle des Parlements de Paris et autres tribunaux, par Pierre-Jacques Brillon. Paris, 1727. (Surtout lettre D, verbo : douaire). 6 vol. in-fol.

OUVRAGES CONTEMPORAINS (1)

La condition des biens, par Beaune, ancien procureur du roi
à la Cour de Lyon, Paris, 1886. 1 vol. in-8°.

Glasson, *Histoire du Droit et des Institutions de France*,
tome VII.

*Histoire du régime dotal et de la Communauté de biens en
France*, par M. Ch. Genoulhiac, docteur en droit. Paris,
1842. 1 vol. in-8°.

*Histoire des institutions Carolingiennes et du gouvernement des
Carolingiens*, par J.-M. Le Huerou, professeur agrégé à
la Faculté des lettres de Rennes, et professeur d'histoire
au collège royal. Paris, 1843. 2 vol. in-8°.

Revue de législation et de jurisprudence. Paris, in-8°. Année
1849, tome I (janvier-avril 1849). « Etude sur les développements de la société humaine ». Année 1843, tome I
(janvier-juin 1843). « Les origines germaniques du droit
français, par L.-J. Kœnigswater, docteur en droit.

*Recherches sur la condition civile et politique des femmes depuis
les romains jusqu'à nos jours*, par Ed. La Boulaye. Paris,
1843. 1 vol. in-8°.

Manuel des institutions françaises. Période de Capétiens directs,
par Ach. Luchaire, 1 vol. in-8°. Paris, 1892.

(1) Les ouvrages de moindre importance seront cités dans le corps
du texte ou en note.

INTRODUCTION

On peut s'étonner, à juste titre, quand on lit les ouvrages des auteurs contemporains d'histoire du droit, du peu d'attention qu'ils accordent (1) à une institution, jadis très florissante, aujourd'hui complètement disparue, qui est connue sous le nom de douaire des enfants. Nos vieux auteurs, cependant, n'avaient ménagé ni leur temps, ni leurs travaux pour l'étude de ce douaire. Il suffit pour s'en persuader de jeter un coup d'œil sur les commentaires juridiques des XVI, XVII et XVIII siècles, et de considérer les recueils de jurisprudence de cette époque. On verra tout l'intérêt que présentait pour les jurisconsultes d'alors le douaire des enfants, toute l'ardeur qu'ils apportaient à son étude, tout le soin qu'ils mettaient pour le règlementer jusque dans les moindres détails.

Sans doute, la question ne présente plus aujourd'hui qu'un intérêt purement rétrospectif ; le seul

---

(1) Glasson, Histoire des inst. de France, tome VII, ch. 17, § 3, dit en parlant du douaire : « il semble qu'il soit tombé en désuétude quand s'introduisit la législation du droit romain ».

M. P. Viollet, dans son précis d'histoire du droit, ne dit pas un seul mot du douaire. M. Esmein non plus. Rien également dans les 3 fascicules parus du Manuel d'histoire du droit français de M. Brissaud.

mot de douaire évoque, de nos jours, des idées
lointaines ; il semble, quand on parle d'une douairière,
qu'il s'agit d'une personne d'un autre âge, de quelque
centenaire, oubliée par la loi commune du destin ;
et, nombre d'érudits, versés pourtant dans les études
juridiques, paraissent ignorer absolument qu'il y eut
jadis un douaire des enfants. La cause de cet oubli
pour une institution, qui, nous nous efforcerons de le
montrer, présentait un certain intérèt, c'est d'abord
que le douaire des enfants, né des coutumes germaniques, et développé sous la féodalité, était intime-
ment lié à l'ancien régime, et par son esprit, et par
les résultats qu'il produisait, Du jour ou l'ancien
état de choses disparaissait, il devait disparaître
avec lui. D'autre part, comme nous le verrons dans la
suite de cette étude, il y avait dans cette institution
des inconvénients suffisamment sérieux, pour que,
malgré les avantages qu'elle pouvait présenter, on
la vît disparaître sans regrets. Ce n'est pourtant
pas là une raison de ne pas étudier la question. Enfin,
il faut ajouter que le douaire des enfants n'a laissé
aucune trace dans notre législation moderne. On ne
trouve dans nos codes ni un souvenr, ni un indice.
Ce sont là, sans doute, les motifs qui ont fait, de
nos jours, complètement négliger cette étude ;
comme il était impossible de rattacher à un point
quelconque de notre droit actuel cette institution
disparue du douaire, on a préféré la passer entièrement sous silence, et ne plus s'en occuper.

L'étude du douaire des enfants n'est en effet,

d'aucune utilité pour ceux qui s'occupent exclusivement du droit français tel qu'il existe aujourd'hui ; si toutefois, on peut dire que la connaissance des institutions anciennes, mêmes entièrement oubliées de nos jours, ne peut servir à rien aux jurisconsultes à venir. Persuadé qu'il en est autrement, (1) qu'on ne saurait pas mieux se préparer à l'étude et à la discussion des lois présentes et futures, que par une parfaite notion de celles qui ont existé, il nous a paru intéressant de rechercher quelle fut l'origine du douaire des enfants, d'examiner son développement à travers les âges, de voir à quelles règles il obéissait, de le suivre enfin jusqu'au jour où il disparut.

« Le douaire des enfants, nous dit Pothier (2), est un certain fonds que la coutume ou la convention du contrat de mariage charge l'homme, qui se marie, de laisser, après sa mort, aux enfants à naître du mariage, avec obligation d'en laisser jouir la mère, sa vie durant. » Dans la France coutumière, une femme, en se mariant, recevait de son mari un douaire. Ce douaire, c'est le contrat de mariage, et à son défaut, la coutume, qui en fixait le montant. Il consistait pour la femme en un droit d'usufruit, dont elle jouissait, si elle survivait à son mari, sur telle ou telle partie des biens que ce dernier possédait au jour du mariage. Dans quelques coutumes, les

(1) Voir sur l'utilité de l'étude de l'histoire du droit, l'introduction de M. Brissaud (manuel d'histoire du droit français, fascicule I.
(2) Pothier, *Traité du douaire*, 2ᵉ partie, chapitre I).

biens, composant le douaire de la femme, appartenaient, dès le jour du mariage, en pleine propriété, aux enfants à naître de ce mariage, et constituaient pour eux ce qu'on appelle le douaire des enfants. En d'autres termes, le douaire des enfants était le droit de propriété que les enfants avaient dans quelques coutumes, dès le jour du mariage de leurs parents, sur une portion déterminée des biens du père, à charge par eux, au cas où leur mère survivait à leur père, de lui laisser, sa vie durant, la jouissance de ces mêmes biens. Le droit de jouissance de la mère était le douaire de la femme, le droit de propriété des enfants constituait le douaire des enfants.

Cette corrélation entre le douaire de la femme et celui des enfants se remarque tout spécialement à l'époque où, grâce aux nombreux documents, le douaire des enfants peut être plus spécialement étudié ; elle semble pourtant avoir existé de tout temps ; et, il importe, dès à présent, de se bien pénétrer de cette idée pour comprendre le développement de notre institution.

Le douaire pouvait être de deux sortes : coutumier, si la coutume le fixait ; conventionnel ou préfix, s'il était le résultat d'une convention faite par les époux au contrat de mariage. En général, le douaire coutumier comprenait la moitié des biens immobiliers que le mari possédait au jour du mariage, et la moitié de ceux qui lui advenaient en ligne directe pendant ledit mariage. Quoique le droit des enfants fut né au

jour du mariage de leurs parents, la mort seule du
père donnait ouverture au douaire. Pour des motifs,
que nous verrons plus loin, les coutumes avaient
interdit le cumul des qualités de douairier et d'héritier, de douairier et de donataire ; aussi, celui qui,
au jour du décès de son père, était titulaire de deux
qualités incompatibles, devait opter pour l'une ou
l'autre : être, d'une part, héritier ou douairier ;
d'autre part, être douairier, ou bien rapporter son
don ou moins prendre au douaire.

Telle est, en résumé, la théorie du douaire des
enfants. Ces notions générales une fois données,
voici l'ordre que nous suivrons dans ce travail :
Dans une première partie, forcément courte, nous
ferons, en deux chapitres, un historique du douaire
des enfants : son origine possible et probable, son
évolution jusqu'aux coutumes rédigées. Une seconde
partie, plus étendue, comprendra l'étude du douaire
des enfants. Après avoir examiné la variété des
coutumes au sujet de cette institution, et l'effet que
pouvaient produire, à l'occasion du douaire, les
conséquences des principes admis sur la personnalité
ou la réalité des coutumes, nous établirons quelle
était la nature du douaire, et en quoi il consistait.
Nous verrons ensuite quand s'ouvrait ce droit, qui
restait souvent si longtemps en suspens ; quels
étaient les effets de son ouverture. Puis, nous recher-
cherons à qui le douaire était dû, et les conditions
exigées pour qu'on pût être douairier ; enfin, après
avoir étudié comment se partageait le douaire, et

examiné les dispositions de la coutume relativement à la prescription en matière de douaire, nous assisterons à la disparition de cette institution.

Le plan que nous avons suivi dans cette étude se rapproche beaucoup de celui de Pothier. Le commentateur de la coutume d'Orléans est le seul auteur qui consacre un chapitre spécial au douaire des enfants. Tous nos anciens auteurs ont pourtant parlé de cette institution ; mais, comme Duplessis, Bourjon, Ferrière, ils l'ont fait sous forme de commentaire sur les articles d'une coutume. Bacquet en a traité incidemment au livre des droits de justice ; Le Brun l'étudie dans son traité des successions. Renusson, dans son traité général du douaire, s'occupe souvent des enfants, mais, sans donner à l'étude de ce douaire que la coutume leur accordait, une place spéciale. Pothier seul a divisé son traité en deux parties : une pour le douaire des femmes, l'autre pour celui des enfants. Nous n'avions donc pas ainsi l'embarras du choix, puisqu'un seul de nos anciens auteurs s'était servi d'un plan. Aussi, il eut été bien téméraire pour nous d'innover entièrement, de faire un plan nouveau pour un sujet ancien ; nous avons préféré suivre Pothier, persuadé qu'avec lui, au point de vue de la méthode, nous étions sur le bon chemin.

PREMIÈRE PARTIE

APERÇU HISTORIQUE

CHAPITRE PREMIER

Origine du douaire des enfants.

Les auteurs des XVIᵉ, XVIIᵉ, XVIIIᵉ siècles n'ont pas recherché, à proprement parler, l'origine du douaire des enfants. Ils se contentent de dire que suivant tels articles de telle coutume, le douaire de la mère est le propre héritage des enfants, mais aucun ne s'est efforcé de fixer le point de départ et l'histoire de cette institution.

Quelques-uns, cependant, sacrifiant au goût de l'époque, ont cru trouver dans le droit romain la source du douaire des enfants. D'autres ont voulu lui donner une origine grecque (1). Nous ne les

---

(1) Adrien Maillart (*Cout. génér. d'Artois*, sur l'article 166, p. 926, note 62 et suiv.) vante l'ancienneté du douaire de la femme, et dit que jadis le mari dotait sa femme; puis, il ajoute que la propriété de cette dot, donnée par le mari à sa femme, passait aux enfants. « Ainsi, une loi attique disait que l'enfant âgé de 16 ans, né de femme dotée, a droit sur les biens de sa mère (Livre IV, titre 2, *de*

suivrons pas dans cette voie. Le douaire des enfants a probablement une origine très ancienne, mais, pas plus que pour le douaire des femmes, il ne faut aller chercher cette origine dans l'antiquité grecque ou latine.

Renusson (1) nous apprend qu' « anciennement le douaire n'était que viager à la mère, et n'était pas propre aux enfants. » C'était le droit commun ; dans la suite des temps, on a rendu le douaire propre aux enfants. Ferrière (2) dit également que le douaire fut d'abord introduit en faveur des femmes seulement, et que, dans la suite, il fut étendu aux enfants. Un grand nombre de commentateurs ont reproduit cette remarque. Aucun, cependant, n'a fourni des arguments pour étayer ses allégations. Mais, tous insistent sur cette idée qu'on retrouve émise dans de nombreux arrêts, et qui sert de base à plusieurs argumentations, que le douaire des enfants n'est autre que celui de la mère. Ces deux douaires auraient donc une source commune ; et, c'est dans l'origine du douaire des femmes qu'il faudrait chercher celle du douaire des enfants.

On est à peu près d'accord pour donner au douaire

---

dotib. lib. 6. *Petitus ad leges atticas*, p. 455. Edit. de 1635.) — Au § 64, il ajoute : « Ainsi, un homme, à qui on annonce que sa femme est accouchée, dit qu'on devait ajouter qu'il perdait la moitié de son bien. *(Théophraste*, Caractère de l'homme chagrin.)

Et § 65, cela ne sent-il pas l'affectation du douaire aux enfants qu'ont établi quelques coutumes.

(1) *Du douaire*, ch. V, § 7.

(2) Ferrière, tome III, sur l'art. 258 de la *Cout. de Paris*, 2, § 8.

des femmes une origine germanique. Le mariage, chez les Germains, se présente primitivement, sous la forme d'une vente. Le mari paie aux parents de sa future femme le mundium qu'il acquiert sur elle, et qui leur appartenait auparavant. On rencontre un peu de tous côtés des traces de ce prix d'achat (1), qui, en somme, n'était que la composition pour le rapt, peut-être réel au début, et fictif par la suite, qui constituait la cérémonie primitive du mariage. Ce prix, à l'époque primitive, du moins, était toujours payé aux parents de la jeune fille. C'est ainsi qu'il se présente, là où on le retrouve, qu'il s'appelle « *Wittimion, Wittum, Meta, Gift, Mundr* », et, d'une façon plus générale *pretium nuptiale*. Cela ressort très nettement du passage fameux de Tacite (2) : « Intersunt parentes et munera probant. Munera, non ad delicias muliebres quæsita, nec quibus nova nupta comatur, seb boves et frenatum equum, et scutum cum framea, gladioque. In hœc munera uxor accipitur. »

Tacite nous parle de présents ; la plupart des lois sont plus catégoriques, et, à défaut d'un prix d'achat convenu entre les parties, elles fixent ellesmêmes le taux auquel est estimée une jeune fille. C'est une sorte de tarif légal. Il se retrouve un peu

---

(1) Pertz. *Monumenta*, tome III, p. 538, 599, 546, 560, 562. — Tome III, p. 62. — Tome IV, p. 41, 42, 43, 49.

Lois Anglo-Saxones. *Ethelbert*, p. 76, cf. *Houard Cout. Anglo-Normandes*.

Lois des Saxons, titre 6.

(2) Tacite, *de morib. Germ.*, ch. 18.

partout (1). Bien que les lois francques se soient expliquées moins clairement sur ce prix d'achat, certains actes rédigés dans les pays, ou s'appliquaient ces lois, semblent pourtant le supposer (2). La loi salique nous représente le mariage accompli « per solidum et denarium », et, c'est par cette forme du sol et du denier que Clotilde, fille du roi des Bourguignons, fut fiancée à Clovis, par l'intermédiaire des envoyés du roi franc ; et, Frédégaire fait observer que ces fiançailles eurent lieu d'après la loi franque (3).

Mais, peu à peu, une évolution se fait sentir. Elle est due, sans doute, à l'adoucissement des mœurs. Le pretium nuptiale, au lieu d'être payé aux parents de la fiancée, est payé à la fiancée elle-même, en partie d'abord, en totalité ensuite (4). Chez les Saliens déjà, la vente n'était plus que fictive, elle a lieu *per denarium et solidum;* c'est-à-dire qu'un prix dérisoire, plutôt symbolique que réel, est versé aux parents, tandis qu'une véritable donation est faite à

---

(1) Pertz. *Monumenta,* tome III, p. 62. (Alamans).
Lois des Ripuaires, p. 37, § 1, 2.
Loi des Saliens, 13, 6.
Loi des Burgondes. Pertz, tome III, p. 538.
Loi des Bavarois, tome VI, § 14.
(2) La 75ᵉ formule de Lindenbrog. *Form. Big. 5,* (Baluze, tome II, p. 980.) Voir également Rozière, tome I, form. 229, pages 278, 279.
(3) Frédégaire. *Epit. C. 18.* « Legati, offerentes solidum et denarium, ut mos erat Francorum, eam, partibus Chlodovœi sponsant. »
(4) Pertz, tome III, p. 561, 562, 568.
Loi des Ripuaires, titre 37, nᵒˢ 1, 2, 3.
Voir également Ginoulhiac. *Histoire du régime dotal en France,* IIᵉ partie, chapitre 2, p. 179 et suivants.

la femme. Voici, d'ailleurs, la cause de cette évolution : la jeune fille, par son mariage, sortait de sa
propre famille ; le mundium, que le chef de famille
avait sur elle, était acheté par son mari ; elle était,
par cela même, exclue de toute espèce de succession
dans sa famille primitive. Contrairement à ce qui se
passait à Rome, où la femme, ainsi sortie de la
famille, est « loco filiæ », et, par conséquent, hérite
de son mari, comme si elle était l'un de ses propres
enfants, en droit germanique, à l'inverse, elle était
étrangère à toute succession paternelle, sans avoir,
à titre de fille, une compensation dans la succession
maritale. Quand le mari décédait avant sa femme,
celle-ci se trouvait dénuée de toutes ressources, et
sans moyen de vivre. Il y avait là, une véritable
injustice, que l'usage parvint, peu à peu, à réparer,
en attribuant à la femme, la totalité du pretium
nuptiale.

Cette idée est surtout naturelle, chez un peuple
comme les Germains. Chez eux, en effet, la femme
était plutôt une associée du mari que son esclave.
Peut-être ne faisait-elle pas seule aucun acte important, mais elle était associée à tous les actes de la
vie commune ; elle exerçait ses droits par le moyen
d'un tuteur, d'un bail, d'un mainbour, d'un mundeald,
qui agissait pour elle. Aussi, avec de telles idées
d'égalité, il est naturel qu'on soit bien vite arrivé à
la constitution de la dot entre les mains de la fiancée
elle-même.

Les Romains se trouvèrent en présence de cette

institution du pretium nuptiale ; elle leur était totalement inconnue. Elle ne répondait, ni à une conception de leur esprit, ni, par conséquent, à un terme de leur vocabulaire juridique ; aussi, furent-ils quelque peu embarrassés pour caractériser ce genre de libéralité du mari à la femme. Par assimilation avec ce qui se passait à Rome, en sens contraire, ils l'appelèrent du nom de dos ; c'est de ce mot, pris au sens germanique, qu'est venu le mot douaire (1).

La confusion des mots entraîna la confusion des choses. Déjà, l'influence religieuse avait dû se faire sentir, elle se manifesta de plus en plus, et, avec elle, les idées romaines.

L'Église appliqua l'addage « nullum sine dote sit conjugium ». Or, de même qu'à Rome, la dos était le cachet auquel on reconnaissait les mariages légitimes, de même, la dot germanique devint obligatoire pour la validité du lien conjugal. En son absence, le mariage était réputé nul, et les enfants déclarés bâtards. Pour empêcher de semblables résultats, l'Église ordonna de ne bénir les mariages qu'après s'être assuré de la constitution de dot (2). C'est là, d'ailleurs, qu'il faut chercher toute l'influence qu'eût autrefois l'Église en ces matières de douaire,

----

(1) Douaire : do(t)arium.

(2) Ce serait, paraît-il, le Concile tenu à Arles, en 524, qui aurait émis ce principe « Nullum sine dote sit conjugium, juxta possibilitatem fiat dos, nec sine publicis nuptiis quisquam nubere vel uxorem ducere præsumat ».

Sur cette liaison intime entre le douaire et le mariage, voir Jostice et Plet. Edition Rapetti, p. 217, § 5.

et principalement en matière de juridiction (1).

L'usage de doter les femmes se trouve, dès lors, tout à fait établi; et le pretium nuptiale leur appartient en propre.

Les biens, qui formaient le pretium nuptiale n'étaient pas les seuls, qui appartenaient en propre à la femme. A côté de l'ancien prix d'achat, il y avait d'autres libéralités faites aux épouses par leurs maris. Entre toutes, il faut citer la Morgengabe (2). Cette donation du mari à la femme a reçu différents noms : don du matin, *pretium pulchritudinis, pretium delibatæ virginitatis*. C'était en quelque sorte le prix du sacrifice de sa virginité, que la femme, en se mariant faisait à son mari. Nous retrouvons de nombreux restes de cette libéralité (3), qui était la pleine propriété de celle qui en était l'objet (4).

Voilà donc la femme mariée à la tête d'une certaine quantité de biens. Les motifs, qui ont fait entrer ces différents biens dans son patrimoine propre, sont sans doute très divers, comme nous avons pu le

(1) Pendant longtemps, les questions relatives au douaire furent de la compétence exclusive des tribunaux ecclésiastiques. Le choix fut ensuite laissé aux parties d'aller soit aux tribunaux seigneuriaux, soit aux tribunaux ecclésiastiques (Boutaric. *Actes du Parlement de Paris de 1254-1328*, n° 1364.

(2) Sur cette institution, voir le Sachsenspiegel oder Saechsisches Landrecht. Edit. de Carl Robert Sachze. 1 vol. in-8. Heidelberg.

(3) Lex. Burg. Pertz,. p. 543, t. IV, 549-560. — Lex. Ripu. titre 37,§ 2. Lex. Bajuv. titre 14. n° 7. Lex. Lang. 2-1. Lex. Alam. 56, n° 2.

(4) Voir encore form. de Lindenbrock, n° 75. (La femme a le droit le plus absolu de disposer de tout ce qui lui a été donné, comme il lui conviendra). Voir encore la form. 79.

voir ; mais, le résultat obtenu est le même, pour les biens, qui proviennent du prix d'achat primitif, ou pour ceux provenant de la Morgengabe : la femme en est propriétaire. Aussi, on dut bien vite arriver à confondre ces deux catégories de biens, d'origine si diverse peut-être, mais qui se réunissaient sur une même tête, un seul mot dut être employé pour désigner l'ensemble des dons du mari, et les règles furent les mêmes pour les uns que pour les autres (1).

Seules les choses mobilières furent, au début, l'objet de ces libéralités ; les biens immobiliers étaient alors la propriété exclusive de la famille entière, il n'eût pas été possible, par une donation en vue de mariage, d'en distraire quelque partie. Peu à peu, cependant, des immeubles durent faire partie du pretium nuptiale et de la Morgengabe réunis peut-être, déjà, sous le nom de dotalitium ou douaire. Les meubles, en effet, ne présentaient qu'une valeur minime pour satisfaire au luxe et au désir de paraître riche ; et, on fut dans la nécessité d'accorder deux choses tout à fait opposées : d'une part, les maris cherchaient à distraire du patrimoine de l'ancienne communauté familiale, quelques biens dont ils voulaient gratifier la femme ; ces biens, par cette donation, pouvaient être perdus à jamais pour la famille du mari. D'autre part, on se heurtait au principe germanique, qui voulait que les biens immobiliers demeurassent dans la famille.

(1) Ginoulhiac. *Histoire du régime dotal en France*, 2ᵉ partie, chap. 3, p. 201-206 et suivantes.

On trouva un moyen terme : l'ensemble des biens donnés à la femme par le mari ne lui furent plus donnés qu'en usufruit ; la propriéte en fut réservée aux enfants qui naîtraient du mariage (1).

C'est ainsi que déjà la loi des Burgondes (2) s'exprime très nettement sur ce point « Mulier... donationem nuptialem, dum advivit, usufructu possideat ». La loi des Saxons dit également « Habæat dotem, quam in nuptiis accepit, quamdiu vivit, filiis que dimitat ». Un capitulaire de Clovis additionnel à la loi Salique (3) n'est pas moins formel « Si quis uxorem amiserit, et aliam habere voluerit, dotem quam primoriæ dedit, secunda ei donare non licet ; si tamen, adhuc filii parvuli sunt, usque ad perfectam ætatem, res uxoris anterioris vel dotis causæ liceat indicare, sic vero ut de his nec vendere, nec donare præsumat. » (4). C'est donc, que déjà alors, les biens

(1) Sur cette question voir les *Établissements de Saint-Louis* (P. Viollet), tomes I, ch. 3, section 5, p. 133 et suivantes. — La Boulaye, *Condition des femmes*, livre 2, section 2 ; et livre 4, section I et titre 2, chap. 1, pages 263 et suiv. — *Histoire des institutions Carolingiennes et du gouvernement Carolingien*, de Le Huérou, tome I, p. 28 et suiv. — Kœnigswater. *Revue de législation et de jurisprudence*, janvier-juin 1843, tome XVII : *Les origines germaniques du droit français : Fiançailles, mariages. — Régime des biens entre époux*, voir aussi p. 414, 425 et suiv. — *La condition des biens*, par Henri Beaune, livre 2, titre 4, section 2, p· 457 et 462 et aussi chap. XI, p. 519 à 540. — Buche. *Nouvelle revue historique du droit français et étranger*, tome VIII. Année 1884.

(2) Pertz. Monumenta tome IV, p. 543.

(3) Chlodovechi regis Capitula, pacto regis, Salicæ addita, nᵉ 8 « de viris qui alias ducunt uxores, tome 2, p. 4 ; à la suite du texte « Data sub die IV. Kal. Aprilis (Lugduni. Anno 2, regni domini (517).

(4) Voir aussi le capitulaire 7, trop long pour être cité. Pertz, monumenta, tome II, p. 3.

qui avaient formé la dot de la première femme (c'est-à-dire l'ensemble de tous les gains nuptiaux) appartenaient aux enfants issus de la première union.

Quelques formules intitulées « libellum dotis » et rapportées par Rozière, sont également favorables aux principes que nous avons indiqués. La formule 246 (1) nous apprend que « Ea, usufructuario ordine, tenere ac possidere debeas, et post tuum quoque discessum, cum omni re emeliorata vel supraposita, ad legitimos filios nostros, qui, ex nobis procreati fuerint, revertantur ». La formule 235 (2) s'exprime en ces termes : « Quod superius diximus et donamus, dum vivis, sed usufructuario, habeas, teneas ac possideas... post tuum vero dicessum, ad me, aut infantes meos... revertantur. La formule 236 (3) est aussi explicite « Quamdiu vixeris, easdem res, sub usufructuario habeas; post obitum vero tuum, ipsas res in meam revertantur potestatem, vel ad meos heredes legitimos, si me supervixeris ».

Nous rencontrons, en somme dès cette époque, un droit pour les enfants, sur les biens qui constituent le douaire de leur mère. Ce droit n'est pas encore tel que nous le retrouverons aux temps des coutumes rédigées, nous croyons pouvoir dire cependant, qu'il existe déjà, en germe. Voici donc qu'apparait une institution nouvelle ; voici donc

(1) Rozière, édition de 1859, page 396.
(2) Rozière, page 284.
(3) Rozière, page 286.

né ce droit des enfants à la propriété des biens
formant le douaire de leur mère. Et, nous employons
à dessein le mot général de propriété, au lieu de
faire dès à présent la distinction, que bientôt, on
trouvera toute naturelle entre la simple jouissance
et la nue-propriété. Comme chez tous les peuples
jeunes, propriété et jouissance sont synonymes, c'est
uniquement par la jouissance, par les signes extérieurs de la possession qu'on reconnait le droit
qu'une personne a sur une chose. Puis, c'est seulement, quand l'esprit juridique d'un peuple s'est
développé, qu'il parvient à séparer la jouissance
matérielle de l'idée abstraite de propriété ; qu'il sait
attribuer à une personnalité, la jouissance, tandis
qu'il réserve à une autre le simple droit de propriété,
la propriété détachée de ses attributs extérieurs : la
nue-propriété. Or, cette conception du dédoublement
du droit de propriété est trop abstraite pour que,
déjà, elle puisse se rencontrer chez un peuple, qui,
nous l'avons vu, venait à peine de dégager l'idée de
propriété individuelle de celle de propriété collective.

Et c'est pourquoi, longtemps encore, la femme sera,
en même temps que ses enfants, appelée propriétaire
de son douaire ; leur droit sera le même, et les mêmes
expressions seront employées pour le désigner.
Aussi, si dès le VIᵉ siècle, les enfants sont appelés
propriétaires du douaire, par contre aux IX, X et
XIᵉ siècles, des textes indiquent encore que la
propriété du douaire est à la femme. Une autre

formule citée par Rozière (1) reconnait très tard ce droit de la femme : « Dono et transfundo.... ut teneat et possideat, suisque heredibus aut cui voluerit ad possidendum dereliquat, vel quidquid exinde facere voluerit liberam ac firmissimam in omnibus potestatem faciendi ».

Peu à peu, cependant, l'idée abstraite de nue-propriété dut se faire jour dans l'esprit du peuple germanique. Comme le droit de la mère n'était qu'un droit purement viager, qu'un simple droit de jouissance, semblable à cet attribut de la propriété totale

(1) Rozière, formule 229, p. 278-279.

M. P. Viollet dans ses établissements indique en ce sens un acte de 907 dans Mabillon, de re diplomatica et les cartulaires angevins de M. d'Epinay.

Voici les textes auxquels il fait allusion :

1° Acte de 907, Mabillon de re diplom. n° 213, édit. de Paris 1681, p. 558 et 559, « utrumque (fiscum) per hanc præsentem condonamus auctoritatem et de nostro jure in jus et proprietatem seu domina tionem illius transfundimus et perpetualiter habendos delegamus.... per quod præcipimus et præcipiendo jubemus ut suprascriptos fiscos perpetualiter habeat teneat, atque possedeat et quicquid exinde facere voluerit liberam et firmissimam in omnibus habeat potestatem ».

Cet acte est l'établissement d'un dotalitium de Charles le Simple à sa femme.

2° Cartulaires angevins d'Epinay, p. 195, note I. Les textes cités, en cet endroit, constatent le droit pour la femme de disposer de son dotalitium soit à cause de mort soit entre vifs,

a) à cause de mort « Ego Hermintrudis notum volo omnibus fidelibus sanctæ Dei Ecclesiæ quia alodum meum mihi a seniore meo Manegando in dotalitium concessum fratri meo Hugoni cum sancto Florentio partiendum, post mortem, meam relinquo. (Cod. nig. n° 17, octobre 977.

Actes analogues de 977 (Cod. nig. n° 16) et de 979.

b) Entre vifs « Exoravit etiam conjugem suam ut si quando dotalitii sui vineas venderet nulli potius quam monarchis faceret : (Charte de Bocé fin du XIe, ou commencement du XIIe siècle, original des archives d'Angers.

qu'on était parvenu à séparer d'elle et qu'on avait appelé l'usufruit, le droit primitif de propriété des femmes se transforma et ne devint plus qu'un droit d'usufruit. Il en fut de même pour le droit des enfants. Durant la vie de leur mère, ils n'étaient propriétaires que sous réserve de sa jouissance, aussi, quand la distinction fut faite entre les deux éléments de la propriété complète, on laissa aux enfants la propriété entière sans la jouissance : la nue-propriété.

Néanmoins, même quand la distinction entre la nue-propriété et l'usufruit fut entièrement établie, l'idée de propriété de la femme subsista longtemps encore. Les Olim nous ont laissé des décisions qui empêchaient au mari d'aliéner les biens formant le douaire de la femme sans le consentement de celle-ci (1). La même chose se retrouve dans les établissements de Saint-Louis (2) ; en cas de vente faite par le mari des biens constituant le douaire de la femme, celle-ci peut réclamer les choses vendues, c'est donc qu'elle est toujours propriétaire des biens qui forment son douaire. L'ancienne coutume de Picardie (3), au début du XIVe siècle, a une disposition analogue : « Et ne le puet li hom vendre, ni quarquier de nulle

<hr>

(1) Boutaric, t. II, p. 47, année 1268, n° 1297. Olim, I fol., 165 v°. — Boutaric, t. II, année 1317, p. 133, Olim, IV fol., 283 v°. Voir aussi : *Recueil des ordonnances des rois de France de la 3ᵉ race*, par Laurière, t. I, p. 242, chap. 169.

(2) Viollet, t. II, p. 319. Rubr. 173.

(3) 3ᵉ partie, *Usage et coutume de la cité d'Amiens*, édit. Marnier, p. 151, § 4. — Voir aussi: *La coutume d'Artois de 1283 à 1302*, édit. Tardif, titre 32, § 4, p. 83.

quarque, si che n'est par le gré de le femme ; mais, par le consentement de le femme, entre aus 2, le poent bien vendre au querquer d'aucune quarque. » La coutume de Lorris Orléans (1) dit également que le mari ne peut vendre les biens de la femme sujets au douaire des enfants « ni les aliéner au préjudice desdits enfants, sans le vouloir et le consentement de ladite femme. » La coutume de Sens (2), enfin, admet encore pour la femme la propriété toute pleine du douaire préfix.

Cette persistance du droit de propriété primitif du douaire, pour la femme, alors que ce douaire appartenait aussi aux enfants, vient ajouter une nouvelle preuve à ce que nous avons dit de l'origine du douaire des enfants. Comment expliquer ces deux droits, qui existent simultanément, si on n'admet pas une communauté d'origine pour l'un et l'autre douaire ?

Quant à préciser la date des différentes transformations que nous venons d'étudier, il semble difficile de le faire. Nous ne sommes pas ici en présence de faits qui s'accomplissent tout d'un coup. Ces transformations ne se sont pas faites en un seul jour et par la seule force d'un acte des pouvoirs publics (si ce mot ne choque pas trop à cette époque). Elles sont, au contraire, le résultat d'une lente évolution, qui produit des faits nouveaux, à mesure que de nouveaux besoins se font sentir, et qui laisse, çà et là, à travers les siècles, les vestiges de son œuvre.

(1) Édit. de la Thaumassière, p. 460, chap. 14, art. 13. Ces coutumes auraient été rédigées vers 1494.

(2) Bourdot de Richebourg, p. 495, t. III, art. 495 de l'ancienne coutume et art. 1694 de la nouvelle.

CHAPITRE II

Développement du douaire, du XIIIe siècle à l'époque de la rédaction des coutumes

Les documents juridiques de l'époque qui s'étend, depuis le XIIIe siècle, jusqu'aux coutumes rédigées, ne sont pas très nombreux ; ils ne parlent pas tous du douaire des enfants (1) ; mais, les indications qu'on trouve dans ces ouvrages, bien que très sommaires, permettent à peu près de suivre le développement de cette institution pendant trois ou quatre siècles. Malheureusement, les commentaires juridiques que nous trouverons si complets aux XVIe et XVIIe siècle, font ici entièrement défaut ; les recueils de jurisprudence manquent également ; aussi, s'il

---

(1) Les *Établissements de Saint-Louis* ne donnent aucun renseignement sur le douaire des enfants ; il semble inconnu au rédacteur de cet ouvrage. Suivant Laurière, au temps des Établissements, le douaire n'était que viager, et non propre aux enfants, et, comme en Anjou, on a suivi ces Établissements, de là vient que le douaire n'y est encore que viager. Cette opinion de Laurière citée par M. Viollet, livre I, chap. CLXXIII, tome I, page 319, est tirée du recueil des ordonnances des rois de France de la 3e race. — De Laurière, tome I, p. 242, ch. CLXVI.

Il n'est pas parlé non plus du douaire des enfants au « Livre du droict et des coutumes de Champaigne et Brie. Cf. le livre de Pierre

est possible de savoir que le douaire des enfants
existait à ces différentes époques, il est presque impossible, avec les textes assez brefs que nous possédons, de connaître les règles auxquelles il obéissait.

Signalons, tout d'abord, pour ne plus y revenir,
un événement important, ou du moins réputé comme
tel, dans l'histoire du douaire et qui se présente à
peu près au moment où nous en sommes arrivés de
notre aperçu historique. Tous les commentateurs, à
la suite de Pierre de Fontaines (1) et de Beaumanoir (2),
signalent, en 1214, une ordonnance du roi de France,
Philippe-Auguste, relative au douaire. Ce document,
paraît-il, établissait, qu'à l'avenir, quand il n'aurait
pas été stipulé de douaire conventionnel dans leur
contrat de mariage, les femmes, par la seule force de
« *l'Établissement du bon roy Philippe, auraient la
moitié de ce que li homs a du jour qu'il l'épouse* ».

Pithou, *Cout. du baillage de Troyes*, p. 517-551, 1 vol. in-8, Paris
1629.

Le grand coutumier de Normandie (édit. Tardif, 2 vol. in-8, Rouen
1881), est également muet sur la question. Voir d'ailleurs ce que
nous dirons à notre chapitre VIII.

Rien non plus dans la *Coutume de la ville de Bourges* (Thaumas
de la Thaumassière, Cout. locale de Berry et Lorris, p. 225).

Les textes purs de la Somme rurale ne parlent pas de douaire des
enfants. L'édition de Charondas le Caron (Le Grand Cout. et Practique
du droit civil et canon observé en France, par Mᵉ Jehan Bouteillier,
sous le nom de Somme rurale, avec notes, par Charandas le Caron,
(Paris, 1621, 1 vol. in-4°) en parle sous forme de glose. Une annotation,
en marge, mentionne même que l'addition qui a été faite « n'était pas
au livre escrit ».

Le livre du droiz et commandement d'office de justice ne dit rien
non plus du douaire des enfants (Edition Beautemps-Beaupré, d'après
le Ms. inédit de la Bibliothèque de l'Arsenal, 2 vol. in-8, Paris, 1865.

(1) Édit. Marnier, ch, XXI, n° 45.
(2) Édit. Beugnot, t. I, ch. XIII, § 12.

Ce serait la première apparition en France du douaire coutumier (1). Remarquons que nulle part nous ne trouvons le texte de cette ordonnance, ni dans le recueil des ordonnances des rois de la 3e race (2), ni dans le livre de M. Léopold Delisle (3) ; nous ne pouvons donc pas savoir si le fameux Établissement parlait du douaire des enfants ; nous ne trouvons nulle part trace que les enfants y soient mentionnés ; mais, de ce qu'on ne parle pas d'eux, il ne s'en suit pas que cette disposition législative ne leur était pas applicable. Les biens, qui formaient, en usufruit, le douaire conventionnel de la mère, nous l'avons vu plus haut, furent, de bonne heure, la propriété des enfants issus du mariage. Rien ne prouve que l'Établissement du roi Philippe, qui aurait créé le douaire coutumier (4), ne fut pas applicable aux enfants. Au contraire, puisque le douaire des enfants est le même que celui de la mère, on peut admettre, que c'est de l'ordonnance du roi Philippe, qu'est né en France le douaire légal et coutumier des enfants (5).   .

(1) Voir la fin du texte de Beaumanoir.

(2) Laurière, *Recueil des ordonnances*, t. I, p. 46, à la fin des ordonnances de Philippe-Auguste. « En l'an 1214, il établit le douaire coutumier qu'il fixa à l'usufruit des immeubles que le mari avait au jour des épousailles ».

(3) Catalogue des actes de Philippe-Auguste, Paris, 1856. « En 1214, du 30 mars au 18 avril 1215, Philippe-Auguste établit que la femme aura en douaire la moitié des biens de son mari »; et il cite Beaumanoir.

(4) Voir Beaune, *Condit. des biens*, p. 522 et suiv., s'il n'y aurait pas un douaire légal avant Philippe-Auguste.

(5) Vers la même époque, apparaissait une ordonnance du roi d'Angleterre Jean Sans Terre, (voir Houard, cout. Anglo norm.,

« *Nus n'en prist oncques devant moi ceste chose dont j'aie exemplaire* ». C'est ainsi que s'exprime Pierre de Fontaines (1) dans son conseil à un ami. Nous le croyons volontiers, aussi, est-il le premier des auteurs, dans nous parlerons à propos du douaire des enfants. C'est le chapitre 34 § 8 qui le suppose très nettement : « *Et saches que les lois dient doaire ce que li homs prent à sa feme, dont il semble que ceste lois aident moult à cels qui dient que ce que li homs prent à sa feme doit être as enfant qui issent d'elle, sans parçonnerie d'autres enfants, encore se remarit-elle autrefois et ait enfants* ». Les biens qui formaient le douaire de la mère en usufruit, ou en propriété (le texte est muet à ce sujet), appartiennent aux seuls enfants issus du mariage, à l'occasion duquel le douaire a été constitué, sans aucun partage avec les enfants d'un autre lit.

Le douaire des enfants se rencontre encore en

publiées en Angleterre, depuis le XI⁰ siècle jusqu'au XIV⁰. (Rouen et Paris in-4, 1776). Et Tractatus de legibus et consuetudinis regni Angliæ, tempore regis Henri II, par Glanville, livre 6, *de dotibus* chap. I). Cette ordonnance de 1215, d'après Ferrière (tome 3, observ. sur le titre XI de la cout. de Paris § 8) aurait fixé au tiers le douaire coutumier des femmes soumises aux lois anglaises. Nous ne croyons pas qu'elle ait eu trait aux enfants. En effet, comme nous l'indiquerons plus loin, le tiers coutumier des enfants, tel qu'il a persisté longtemps en Normandie est une institution relativement récente et postérieure, en tous cas, à 1215. De plus, si on trouve çà et là le douaire fixé au 1/3 dans les provinces de France, qui appartenaient au roi d'Angleterre, on ne trouve pas dans ces mêmes provinces que le douaire des femmes ait jamais été le propre héritage des enfants — (Voir notre chapitre « du tiers coutumier ».

(1) Le livre de Pierre de Fontaines est un recueil des matières juridiques de l'Ile de France et du Vermandois (Picardie).

Vermandois un peu plus tard. Nous possédons, en effet, un arrêt du Parlement de Paris sur la coutume de Compiègne, (1) du 15 mars 1326, qui déclare le douaire de la mère propre aux enfants. C'est un arrêt cassant et confirmant en partie un jugé du prévôt de Compiègne, confirmé par le bailli de Senlis, pour un sieur Raoul de la Neuville, au nom de sa femme Alips, fille de feu Jean d'Arigny, chevalier, contre Pierre d'Arigny fils dudit Jean. Le sieur de la Neuville prétendait que, quand Jean d'Arigny épousa Yolande de Faye, mère d'Alips, il possédait et détint, durant son mariage, différents biens dont une maison sise à Bruyère, biens sur lesquels, ladite Yolande devait avoir la moitié en douaire. « Cette moitié passait à ses héritiers, et le mari ne pouvait l'aliéner sauf en cas de nécessité. » Cette demande fut admise ; mais, ajoute-t-on, le Parlement cassa la partie de l'arrêt qui donnait la maison entière à Raoul de la Neuville ; ce qui est tout naturel puisque le douaire des enfants est le même que celui de la mère et que la mère n'avait de douaire que sur la moitié des biens possédés par le mari.

Un des documents les plus complets que nous possédons à la fin du XIIIe siècle, sur la question qui nous occupe, c'est sans contredit « *Jostice et Plet* (2). » C'est surtout au sujet des secondes et

---

(1) Boutaric. Arrêts du Parlement de Paris de 1254 à 1328. Arrêt du 15 mars 1326 (jugés 1 fol. 445 vol. n° 7823).

(2) Ecrit vers 1270. *C'est la coutume du pays d'Orléans.*

troisièmes noces, qu'à plusieurs reprises, l'auteur de ce livre nous parle du douaire des enfants. Déjà sont indiqués les principes que, plus tard, nous retrouverons très nettement établis. « *Cause de doere est perdurable en la personne de la fème et à ses heirs qui istront de celui mariage* (1) ». Un peu plus loin : « *La femme emportera première do patrimoine à l'ome, la moitié de son doere, et ce sera patrimoine aux enfants* (2). » Le douaire de la femme se continue chez les enfants ; c'est la même chose, c'est un seul et même douaire. « *Si aucuns prent sa première feme, il la puet douer de la moitié de tos sès biens ; et la segond ausint, sauf le premier doere ; et la tierce ausint, sauf le doere à la segond, et tos les autres en consiguance* (3)..... » « *Totes les choses assemblées dou premier mariage sont à premiers enfanz, ne nus* (4) *ni a doere, ne segond mariage, ne trez* (5). » Cette idée, l'auteur en est bien pénétré, il semble qu'il veuille la faire bien comprendre à ses lecteurs, car à plusieurs reprises, il l'exprimera, en s'efforçant de la présenter sous une forme différente. « *La segonde feme aura en l'autre moitié, le quart por son doere, et celi quart sera patrimoine as enfans do segont mariage, le quart qui remoint, sera commun à tos*

(1) Livre X, chap. 21 § I, « *de doere et poeste* » (puissance). Edit. Rapetti, p. 219.
(2) Livre XII, chap. 24, p. 256.
(3) Livre X, chap. 21 § I.
(4) Ne = et, nus = nullus.
(5) Livre X, ch. xxi, § 4.

enfants, premiers et derniers (1). » Ce sont déjà à peu près les termes qu'emploiera trois siècles plus tard la coutume de Paris. « *Li heritage do pere que l'en porte au premier mariage, li enfans de celui mariage ont la moitié por li doere lor mère ; et cil du segond mariage, le quart de tot por li doere lor mère ; et cil do tiers mariage ont le demi quart de tot por li doere lor mère, et issint est en suiant* (2) ». — « *Et se li hom a autre feme, il la puet doer, et cil doere sera patrimoine as enfans du segond mariage* (3) ». La coutume de Paris emploiera le mot « propre héritage » au lieu de patrimoine, mais l'idée restera la même.

Un autre principe, qui sera reproduit dans quelques coutumes rédigées est déjà aussi indiqué ici : c'est à savoir que le douaire conventionnel ne peut dépasser le douaire coutumier (4). Jostice et Plet s'exprime ainsi : « *L'on ne puet plus doer au doere que la coutume doué, mes l'on puet bien plus, apeticier que la coutume doue* (5). »

En somme, le douaire des enfants que nous avons vu naître, a déjà au XIII⁰ siècle, une vitalité complète, on ne trouve pas sans doute encore une parfaite réglementation ; mais, ce qu'on y rencontre suffit à montrer la véritable existence de cette institution. Avec Beaumanoir, les détails commenceront à apparaître.

(1) Livre XII, ch. xxiv, p. 256.
(2) Livre XII, ch. vi, p. 231.
(3) Livre VIII, ch. iii, p. 169.
(4) La Coutume de Paris permet au contraire de faire le douaire préfix ou conventionnel plus grand que le coutumier.
(5) Livre X, chapitre xxi, p. 219.

Le douaire de la mère, qui consiste pour elle en la moitié de « *tout l'eritage que ses barons avait au jor qu'il espousa* » (1) passe après elle aux enfants issus de son union. Indépendamment de ces biens, la femme et, par conséquent, les enfants ont pour douaire la moitié de tous les héritages « *venus à l'ome et tant qu'il a feme, comme de père ou de mère, ou de aiol ou de aiole, ou de plus loin, en descendant* » (2). Mais, il faut que le mari meurt après ses parents pour que la femme et les enfants aient un douaire sur les biens de leur succession. Le douaire s'ouvre, en effet, à la mort du mari ; (3) les biens, qui composeront le douaire de la femme et celui des enfants, comprennent la moitié de ceux que le mari avait au jour de son décès et non la moitié de ceux qu'il aurait eu, s'il avait survécu à ses parents « *car les barons n'en fut oncques tenans* ».(4) Nous verrons, par la suite, que la jurisprudence modifia cette doctrine rigoureuse.

« *A l'égard d'une terre, qui esquiet de costé, la feme n'a nul doaire en tel manière d'esqueance* », (5) si l' « esqueance » a lieu depuis le mariage ; il en est autrement si elle a lieu auparavant « *qu'il ait espousé* ». La Coutume de Paris dira que le douaire coutumier, outre la moitié des héritages que le mari

(1) Edit. Beugnot, t. I, p. 213, chapitre XIII, § 2.
(2) — — t. I, p. 213, chapitre XIII, § 14.
(3) — — t. I, p. 213, chapitre XIII, § 14, in fine.
(4) Cela ressort des termes du § 14, chap. 13. « Mais si la descendue vient après que li homs est mors ».
(5) Chapitre 13, § 13.

possède au jour des épousailles, comprend encore
« *la moitié des héritages, qui, depuis la consomma-*
tion dudit mariage et pendant iceluy escheent et
adviennent en ligne directe audit mary ». (1)

Beaumanoir nous indique encore une particularité
qui existe dans la coutume de Beauvoisis, à son
époque, à propos des fiefs. Bien que la veuve eut son
douaire en usufruit, sur les fiefs, les enfants n'avaient
sur cette catégorie de biens aucun droit de propriété,
c'est ce qui résulte des § 4, 5, 6, 17 et surtout 18 du
chapitre XIII des coutumes de Beauvoisis. La coutume rédigée de Clermont, commencée en 1631,
reproduit cette distinction entre les héritages rotu-
riers et les fiefs. (2)

Avec le coutumier d'Artois, nous nous rappro-
chons de pays déjà explorés, aussi nous retrouvons
notre institution du douaire des enfants. (3) C'est
encore à propos des seconds mariages que la question
se présente : la seconde femme ne peut avoir
son douaire sur les biens qui ont fait partie du
douaire de la première et qui « *demeurent as premiers*
enfans ». (4) Et l'auteur, à ce propos, raconte un
procès entre une fille de Madame de Seles et son
demi-frère. Le chatelain d'Arras, époux en secondes
noces de Madame de Seles a un fils du premier lit.
Sa fille du second lit, à la mort du père commun,

(1) Cout. de Paris. Anc. cout., art. 136, nouv. cout. art. 248.
(2) Bourdot de Richebourg, t. II, p. 761 et suiv., art. 160.
(3) D'après Tardif, le coutumier aurait été rédigé entre 1283 et 1302.
(4) Titre 35, (*comment feme ne puet avoir douaire*) § 1, p. 86.

réclame de son frère consanguin « *son vivre en la terre dont son père était tenans et prenans au jour ou il ala de vie à mort* ». Elle fut, paraît-il, « *mise hors* » c'est-à-dire déboutée de sa demande. (1) C'est donc que l'enfant du premier lit reste seul propriétaire des biens formant le douaire de sa mère.

De même qu'en Artois, le douaire des enfants existait en Picardie. Le coutumier de Picardie, dans sa troisième partie, nous rapporte les anciens usages d'Amiens au premier quart du quatorzième siècle. Notre institution semble y être florissante : « *si la femme trépassait, ses douaires venroit as enfants, qui seroient issu du mariage, si serviroient le père* (2). » Un peu plus loin « *se li homs a plusieurs hiretages ; des hiretages dont il n'ara point doué sa femme, il povra, s'il se marie, douer de son hyretage que il nommera, à sa femme que il prendrera ; ne li enfant de se première femme n'aront rien au douaire, ne en l'yretage de quoy il ara doué sa femme ; ne li enfant de le nouvele femme n'aront rien en l'iretage de quoy la première femme fut douée; et ainsi est-il de tant de femmes qu'il prendra, s'il a tant des yretages* (3). »

Les enfants ont donc la propriété des biens qui forment le douaire de leur mère; mais, tant que le père vit, ils doivent le laisser jouir ; il y a là une certaine réciprocité : si d'une part le père « *puis le mort de se femme ne porrait li douaire*

(1) *Ibidem*, § II.
(2) Edition Marnier, § 6, p. 151 et suiv.
(3) *Cout. de Picardie*, p. 154.

de rien carquier », d'autre part « *ne ne porroient
le enfant vendre ni quarquier de rien li douaire
tant que leur père fust en vie.* » Cependant, ils peuvent vendre, du vivant de leur mère « *puis la mort
de leur père de quel hyretage li douaire fu fais, che
qu'ils ont et attendent en l'yretage dont leur mère
est douée.* » Cette différence se comprend : tant que
le père vit, les enfants ne sont pas encore maîtres
du douaire ; ils ont l'espérance d'avoir un jour un
certain droit de propriété, et, comme ce droit conditionnel agira avec effet rétroactif, s'il se produit ;
on défend au père de vendre ou charger les biens
qui composent le douaire ; du jour du décès du père,
au contraire, la mère devient usufruitière, mais le
droit des enfants, réserve faite de ce droit d'usufruit, devient absolu ; auparavant ils avaient une
espérance, le décès de leur père leur a octroyé un
droit. Quoiqu'il en soit, cette espérance du douaire
est pour les enfants quelque chose de réel. Si, du
vivant du père « *un des enfants trépassait, si partie
du douaire esquerroit à ses frères ou à ses sœurs,
aussi bien à un comme à plusieurs, et nient au
père* ». Le père pouvait, cependant, se dépouiller
avant son décès des biens constituant le douaire de
ses enfants, mais, en faveur de ces mêmes enfants ;
et, dans ce cas, « *l'esquéanche de chiaus qui mor-
roient, venroient au père.* »

Signalons, en passant, que le douaire conventionnel ou préfix, semble seul être en honneur en la
cité d'Amiens. Nulle part, en effet, il n'est parlé d'un

douaire coutumier, qui serait attribué à la femme ou aux enfants, de plein droit, par la seule force de la coutume. Le début du § VI qui traite la question permet seulement « *à cascun de donner à sa femme de son hyretage* » et ajoute « *et convient qu'il soit nommé.* » C'est le douaire conventionnel. Ajoutons aussi que les textes ne nous indiquent pas une quotité quelconque, déterminée à l'avance soit un tiers, soit la moitié, comme on le voit quand il s'agit du douaire coutumier.

A la fin du XIVe siècle, nous trouvons divers documents sur la coutume de Paris ; et d'abord les coutumes toutes notoires et jugées au Châtelet de Paris par Messire Jean des Maré : « *Ce sont espèces de turbes et actes de notoriété concernant les principales difficultés des usages et coustumes de Paris de l'an 1300 à 1397* (1). » C'est donc l'exposé du droit de la coutume de Paris pendant près d'un siècle. Le douaire viager des femmes est de la moitié des biens immobiliers et héritages que tenait le mari au jour de ses noces, à moins que la femme ne soit douée « *de expres et spécial douaire.* » C'est donc admettre le douaire coutumier et le douaire préfix ; mais sans qu'il soit permis de cumuler l'un et l'autre (2). Le douaire de la femme est aussi propre héritage aux enfants issus de ce mariage (3). Le père, dès le jour du mariage, ne peut rien changer au douaire ; il ne peut ni engager, ni obliger les

(1) Voir à la suite de l'édition de Brodeau sur la *Coutume de Paris.*
(2 Jean des Maré, § 51.
    Ibidem, § 82.

biens qui le composent, au préjudice des enfants (1).

Remarquons, aussi, que pour la première fois, c'est Jean des Maré qui nous indique la règle qui interdit le cumul des qualités de douairier et d'héritier. Cette règle, dont nous expliquerons plus loin les motifs, devait probablement être admise depuis très longtemps ; nous la retrouverons dans toutes les coutumes qui connaissent le douaire des enfants. Pour la première fois, aussi, il est tiré quelques conséquences de la défense, faite au père, d'aliéner ou d'obliger les biens qui forment le douaire. Le premier, des Maré nous déclare que les enfants, après la mort de leurs père et mère, peuvent jouir paisiblement des héritages, qui forment leur douaire, sans craindre les créanciers du père ; et il ajoute que, si un créancier du père « *fait exécution*

(1) Le texte semble ajouter que c'est surtout après le décès de la mère que le mari doit veiller aux intérêts des enfants « maxime, depuis la mort de la mère. » Et cela se comprend : tant que la mère vivait, le père pouvait aliéner un immeuble sujet au douaire, en obtenant pour cela le consentement de la femme. Les enfants auront sans doute le droit de faire annuler l'aliénation faite contre leurs droits; mais, comme en vue de cette annulation il faudrait qu'ils renoncent aux deux successions de leur père et de leur mère, ils hésiteront souvent, à cause de cette double renonciation, à demander l'annulation de la vente, car il y aura fréquemment dans cette opération plus de chance de perte que de gain. La mère, une fois morte, le douaire n'est pas encore ouvert, puisque seul, le décès du père en crée l'ouverture ; les enfants, jusque là, n'ont pas pu prendre qualité. Si le père vend une partie des biens qui constituaient le douaire de la femme et qui formeront le douaire futur de ses enfants, les enfants, presque certainement, feront révoquer cette aliénation frauduleuse puisque de toutes façons, ils doivent renoncer à la succession de leur père pour entrer en possession du douaire.

*sur iceux héritages de douaire venus, et les fait
exécuter après la mort d'iceux père et mère, à tort
le fait, et ont les enfants juste cause d'opposition à ce
qu'on y fait* (1). »

Ces usages de Jean des Maré devaient être très
répandus dans la coutume de Paris ; en effet, à la
suite du texte dont nous venons de citer quelques
fragments, nous trouvons une petite note en latin.
Elle n'est peut être pas de des Maré, elle est, en tous
cas, d'un commentateur qui a précédé la rédaction
de l'ancienne coutume. Elle est ainsi conçue :
« *Probata in turba per multos consiliarios.* »

D'ailleurs, si, telle était la jurisprudence du
Chatelet de Paris, c'était aussi celle du Parlement
sous les rois Charles V et VI. Les décisions (2) du
même Jean des Maré en font foi. On y trouve rappelée
la distinction entre le douaire conventionnel et le
douaire coutumier des femmes, et la fixation de ce
dernier à la moitié des héritages (3). L'auteur continue en déclarant que le douaire est fait propre
« *as enfants d'icelle beneisson.* » Et cette propriété des
enfants doit être bien puissante, puisque le père et la
mère ne peuvent « *l'aliéner, ni forfaire, soit pour
crime de lèze-majesté, ou autrement, que les enfants
ne puissent le vendiquier* (4). » Dans une autre

(1) Jean des Maré, *Cout. not.*, n° 82.
(2) *Décisions* de Jean des Maré. Dans Brodeau, *Cout. de Paris*, à
la fin.
(3) Jean des Maré, *Décisions*, n° 175.
(4) Jean des Maré, *Décisions*, n° 217.

décision (1), cette prohibition est indiquée, de nouveau, sous une forme différente. « *Les père et mère ne peuvent pas aliéner, ni vendre, ni charger sans le consentement desdits enfants, eux étant agiés, si ce n'est par auctorité de justice ou poureté* (2). »

Ce que nous venons de voir chez Jean des Maré, il ne faut nullement nous étonner de le retrouver écrit, dans les mêmes termes, au *Grand Coutumier* (3). Le douaire préfix y est indiqué ; le douaire coutumier « *per generalem consuetudinem, ubi dos alia inter eos non fuit expressa, tacite dicitur, in dimidia parte omnium bonorum immobilium, quae maritus habeat, tempore contracti matrimonii ;* » et, un peu plus loin, ce douaire est encore augmenté de la moitié des biens qui adviennent au mari dans la suite en ligne directe. Ce douaire était le propre héritage des enfants qui naissaient du mariage ; le père et la mère ne pouvaient le vendre, aliéner « *ne estranger,* » sans le consentement de leurs enfants, « *eux étant en âge, si ce n'est par autorité de justice et par pouvreté jurée.* »

Nous arrivons, à peu près, ainsi, à l'époque des coutumes rédigées. En effet, s'il est certain que les ouvrages, que nous avons cités, ont été écrits près d'un demi-siècle avant 1454, époque à laquelle l'ordonnance de Montil-les-Tours déclarait obliga-

---

(1) *Ibid.*, n° 283.

(2) C'est aussi dans ce sens que s'exprime un arrêt du Parlement de Paris, du 15 mars 1326, cité par Boutaric, rappelé plus haut. Voir aussi le *Grand Coutumier*.

(3) *Grand Coutumier*, édit., La Boulaye, liv. II, t. 32, p. 321.

toire la rédaction des coutumes, il est bien plus certain encore que ces ouvrages, répandus dans les différents parlements, étudiés par les jurisconsultes et les gens de robe, ne furent pas sans avoir une influence considérable sur le développement des institutions juridiques. Ils furent certainement le point de départ des recherches des enquêteurs, et la base, dont ils se servirent, pour établir les points principaux sur lesquels devaient porter leurs investigations. Chacun ne donne pas, sans doute, des indications générales sur le droit de la France toute entière ; mais, en réunissant les renseignements particuliers qu'on trouve dans chacun d'eux, on peut se faire une idée presqu'exacte du droit général de la France coutumière, au sujet de l'institution du douaire.

De cet aperçu historique, il résulte que, de différents côtés, le douaire des enfants existait parallèlement à celui des femmes. Ce douaire des enfants a donc continué à rester le même que celui de la mère, comme nous l'avions vu en étudiant son origine. Nous avons appris maintenant ce qu'était ce douaire, en quoi il consistait, les qualités, qui étaient incompatibles avec lui. Ce sont là autant d'indications dont chacune donnerait matière à un chapitre spécial. Cependant, les auteurs dont nous venons de parcourir les œuvres n'ont fait qu'effleurer, très légèrement, toutes ces questions ; ils n'ont indiqué que les grandes lignes, laissant sans doute à la pratique le soin de tirer les conclusions et de déduire les conséquences des principes qu'ils avaient émis. Ces conclusions, ces conséquences que nous n'avons retrouvées dans aucun livre des époques que nous avons étudiées, nous aurions pu les tirer nous-mêmes, chaque fois que nous étions en présence d'un principe nouveau ou pour la première fois indiqué. Nous avons cru préférable de ne faire ici qu'un simple exposé des documents, qui sont le résultat de nos recherches, sans nous égarer dans les controverses et les discussions. Quoique, peut-être, l'apogée du douaire des enfants ait été précisément les XIII et XIVe siècles, (1) nous avons préféré ne considérer à ce moment que les points certains et indiscutables ; et, comme nous savons que les principes, émis à cette époque, se retrouvent dans leur plus complète intégrité, chez les premiers commentateurs des coutumes rédigées, nous avons préféré attendre que le moment soit venu d'étudier ces commentateurs, pour entrer dans le détail de l'institution, dont nous venons de parcourir l'histoire.

(1) Snr cette idée, Beaune, condit. des biens, p. 525, et aussi Malégot et Blin, à la fin.

DEUXIÈME PARTIE

CHAPITRE PREMIER

De la variété des coutumes au sujet du douaire des enfants, et de l'influence, sur cette institution, des principes admis sur la réalité et la personnalité des coutumes.

A l'époque de la rédaction des coutumes, une très grande variété régnait en France, aussi bien sur les principes généraux du droit que sur les applications de détail. Les institutions les plus disparates se rencontraient dans des provinces voisines, tandis qu'au contraire, aux points les plus extrêmes du royaume, se retrouvaient des dispositions législatives identiques, sans que, le plus souvent, on puisse s'expliquer la cause de ces anomalies.

Cette remarque s'applique surtout au douaire des enfants. Cette institution, nous l'avons vu, a existé un peu dans tous les coins de la France ; mais, elle ne fut pourtant pas la règle générale des coutumes.

4

On la trouve dans la coutume de Paris. Étant donnée l'importance de cette coutume, le douaire des enfants, même si on ne le rencontrait pas ailleurs, mériterait déjà une étude approfondie. Mais, ce n'est pas seulement à Paris que les enfants avaient un douaire. Dans plus de quinze autres régions, on le rencontre aussi ; parfois avec des divergences de détail ; mais, partout, l'idée primordiale reste la même. D'ailleurs, la grande place que les commentateurs ont accordé au douaire des enfants dans leurs ouvrages, les arrêts nombreux que les recueils de jurisprudence nous rapportent à ce sujet, les traités spéciaux de Renusson et de Pothier sur cette matière, tout nous prouve, malgré le nombre restreint des textes, qui se rapportent à la question, que le douaire des enfants fut une institution florissante.

Le douaire des enfants, nous le savons, est un droit de propriété, qui, dans quelques régions de la France coutumière, existait, en faveur des enfants, sur les biens qui formaient en usufruit le douaire de leur mère. Un certain nombre de coutumes l'admettait d'une façon absolue. Ce sont : Paris (1), Calais et pays reconquis (2), la coutume générale du pays de Gerberoy (3), Senlis (4), la coutume du baillage

(1) *Anc. Cout.* (1510), art. 137 et suiv.— *Nouv. Cout.* (1580), art. 249 et suiv., Bourdot de Richebourg, t. III, p. 1 et 29.

(2) Calais (1583), chap. iv *des douaires*, nᵒˢ 50 et autres. B. d. R., t. I, p. 1.

(3) Gerberoy (Gerberacum, Gerboredum (Oise), à 25 kilomètres de Beauvais), (1507), *Dépendance d'Amiens*, art. 66 et suiv. B. d. R, t. I, p. 223.

(4) Senlis (1510), art. 175 et suiv. B. d. R., t. II, p. 722

de Mantes (1), la coutume de Melun (2), celle du Nivernais (3), de Clermont en Beauvoisis (4), de Valois (5), d'Estampes (6), de la baronnie de Châteauneuf-en-Thimerais (7), de Chartres (8), de Dreux (9), celle de la ville d'Amiens (10), enfin la coutume de Normandie (11).

(1) Mantes, *Anc. Cout.*, B. d. R., t. III, p. 179, titre xiv. — *Nouv. Cout.* (1556), t. III, p. 183, titre xiii, art. 135.

(2) Melun, *Anc. Cout.* (1506), n°˙ 81 et autres. B. d. R., t. III, p. 418. — *Nouv. Cout.* (1560), art. 285 et suiv.

(3) Nivernais (1534), chap. xxiv, § 8 et autres. B. d. R., t. III, p. 1149.

(4) Clermont (1631), art. 160 et autres. B. d. R., t. II, p. 761.

(5) Valois (1539), art. 108 et autres. B. d. R., t. II, p. 796.

(6) Estampes (1556), titre xi, art. 131 et autres. B. d. R., t. III, p. 93.

(7) Châteauneuf-en-Thimerais, B. d. R. chap. viii, n°˙ 51 et autres, t. III p. 679.

(8) Chartres (1508), chap. x, art. 53 et autres. B. d. R., t. III, p. 703.

(9) Dreux, n°˙ 43 et suiv. B. d. R., t. III, p. 719.

(10) Amiens locale, n° 8.

(11) *Cout. de Normandie* (1583). B. d. R., t. IV, p. 79, art. 367 et suiv. Peut-être peut-on retrouver le douaire des enfants dans trois autres coutumes. Celle d'Artois (de 1544, B. d. R., t. I, p. 273, art. 176), s'exprime ainsi : « seconde femme prend pareil droit de douaire tant es fiefs, comme en héritages cottiers, comme fait la première ; forsque, s'il y avait enfants vivants au jour du trépas de la première femme, les héritages possédés durant le premier mariage ne sont pas soumis au droit de douaire pour ladite seconde femme. Et ainsi des suivantes, ores que les enfants terminassent paravant leur père, constant ledit premier mariage. Toutefois, autre chose serait, si au jour de la consommation d'iceluy second mariage, les enfants du précédent mariage seraient décédés, parce qu'audit cas, elle aurait par tout douaire comme ladite première femme. »

La coutume de Thionville (1661, B. d. R., t. II, p. 355, titre viii, § 10) : « étant le lit brisé, le survivant des deux conjoints, au cas où il y ait enfants, ne peut vendre ou autrement aliéner les héritages procé- dant de son patrimoine ou de celui du trépassé, ni aussi plus que la moitié de ceux acquis durant le mariage. »

La coutume de Luxembourg (titre viii, § 10, B. d. R., t. II p. 339), est rédigée dans les mêmes termes.

Il y a lieu de se méfier de la table analytique dressée par du Moulin

Toutes ces coutumes admettent que le douaire de la mère appartient aux enfants en propre héritage ; mais, il y a entre elles que'ques différences. En principe, le douaire des femmes peut être coutumier ou préfix ; il est coutumier quand c'est la coutume qui détermine, à défaut de conventions matrimoniales, le quantum des biens du mari, qui formera le douaire ; il est au contraire préfix ou conventionnel, quand il est fixé par le contrat de mariage, c'est-à-dire par la convention des parties. Les coutumes dont nous venons de citer les noms, admettent le douaire des enfants, qu'il soit coutumier ou préfix, sauf pourtant la coutume de Dunois et celle d'Amiens. Cette dernière coutume, purement locale à la ville et banlieue d'Amiens, présente une particularité que nous signale l'article 4 : « En la ville et banlieue d'Amiens, n'y a aucun douaire, s'il n'est convenancé et recognu par devant les mayeur, prévôt et eschevins, et, s'il est recognu ledit douaire est héritage des enfants et ne se peut aliéner à leur préjudice... (1) ».

à la fin de ses coutumes générales, au titre du douaire propre aux enfants ; outre les coutumes que nous avons citées et dans lesquelles le douaire est réellement propre aux enfants, il indique d'autres coutumes, où le douaire était purement viager, entre autres : Auxerre, Montfort, Vitry, Poitou, Orléans, etc. Sur cette dernière, il y a même une particularité intéressante : du Moulin indique dans sa table que cette coutume admet le douaire des enfants; or, lui-même, sous l'article 330 de cette coutume, en dessous du texte qui déclare le douaire viager à Orléans ajoute en note : « non solum respectu mulieris, sed etiam respectu filiorum, ad quos non transit, nisi expressum dictum sit. »

(1) Jean du Fresnes (commentaire sur la coutume d'Amiens p. 360 de ses œuvres) fait suivre cet article d'un commentaire intéressant. Il insiste tout spécialement d'abord sur l'obligation de spécifier et de

Quelques coutumes aussi n'accordent le douaire aux enfants qu'entre nobles : ce sont les coutumes d'Estampes, de Chartres, (1) de Dreux, de Châteauneuf-en-Thimerais. Pour que les enfants, dans ces régions. aient droit au douaire de leur mère, il fallait que la noblesse du père remontât au jour du mariage. En

déclarer les héritages qu'on soumet au douaire, et de faire approuver la convention par devant les représentants de la Commune, mayeur, eschevins, etc. « Ce qui est ainsi dit, parce que lors de la rédaction de la coutume, lesdits mayeur, prevôt, eschevins, étaient seigneurs directs de la plupart des fonds et héritages situés en ladite ville et banlieue. Aujourd'hui que tout le domaine d'icelle est réuni au roi et à son domaine, ladite reconnaissance se doit faire par devant le bailly d'Amiens, ou son lieutenant, auquel la Justice patrimoniale de la ville et tous les droits d'icelle a été attribuée ».

Il cite ensuite deux arrêts qui confirment cette obligation de déclarer les héritages soumis au douaire et de faire approuver la convention par les autorités compétentes, l'un du 15 décembre 1612, l'autre du 17 mars 1618 « et, c'est seulement au cas de recognoissance que ledit douaire est propre aux enfants ; ce qui est très ancien, car je l'ai vu dans un vieux cartulaire. »

Cet usage existait dans la coutume de 1507 (Bouthors. Cout. locales du baillage d'Amiens 1507. 2 vol. in-4. Amiens 1845, au tome I. p. 84). « Par ladite coutume, si au mariage de deux conjoints, a été par le mary à la femme convenancé aucun douaire sur les héritages situés en ladite ville, loy, prevosté et eschevinage, et il a été recognu devant les mayeur, prévôt et eschevins de ladite ville, tel douaire est et doit être héritage aux enfants issus dudit mariage, après le trépas desdits conjoints ; en telle manière qu'il ne se peut vendre, ni autrement aliéner au préjudice desdits enfants, pourveu toutes voyes que lesdits héritages soient déclarés et spécifiés es lettres de ladite recongnoissance ainsy passée par devant lesdits mayeur, prévôt et eschevins. »

(1) Sur la cout. de Chartres. Notes et Apostilles de M. J. Couart. (Paris, 1630. 1 vol. in-8), sur l'art. 52 p. 220 « le douaire, entre nobles et non nobles, differt en ceci, pour la qualité : entre nobles, il ne finit pas par le trépas de la femme douée, sinon au regard d'icelle ; en ce que s'il y a des enfants dudit défunt, son mari, et d'elle, ce douaire, après son trépas, est fait propre héritage de leurs enfants, combien que le père en doit jouir sa vie durant.

effet, les articles des différentes coutumes, qui parlent du douaire des enfants, disent que le père ne peut ni vendre, ni aliéner, ni hypothéquer les biens qui constituent le douaire au préjudice des enfants « dès l'instant du mariage ». Dès ce jour, le mari a contracté une obligation, non pas seulement vis-à-vis de sa femme, mais encore vis-à-vis des enfants qui vont naître de son union ; il est engagé envers eux, soit par la force de la coutume, soit par le contrat de mariage. Or, dans le pays où la coutume n'engage que les nobles, l'homme, qui se marie, sans avoir été investi de la noblesse, ne peut pas avoir contracté l'obligation du douaire. Si, après son mariage, il acquiert la noblesse, ses enfants n'auront aucun droit au douaire ; cette qualité, de noble, qui seule a créé au profit des enfants un droit au douaire , n'existait pas chez leur père au moment ou s'ouvre le droit qu'il prétendent revendiquer. Il fallait, en outre, que la noblesse fût héréditaire. On peut, en effet, tirer arguments des mots « entre nobles » ils sont écrits au pluriel dans la coutume. Ce n'est donc pas le père seul, qui doit être noble, il faut qu'il s'agisse de noblesse héréditaire, qu'elle se retrouve chez les enfants et surtout chez eux. (1) C'est pour eux, que le douaire

(1) Le même auteur pose la question de savoir si une fille mariée à un sergent peut demander son douaire coutumier en la coutume de Chartres « Etant noble, quoiqu'épousant un roturier, non tamen perdidit natalitiam et paternam nobilitatem », et il cite une sentence confirmée du baillage de Chartres de 1614.

La femme qui se mésalliait, quoique devenue non noble par son

a été établi ; or, du moment qu'il n'est établi que pour les enfants nobles, cette qualité de noble doit exister chez eux avant toutes les autres. (1)

En général, les coutumes, qui admettent le douaire des enfants, décident que les biens, qui forment ce douaire, se partagent également entre tous les enfants, qui acceptent le douaire, sans aucune prérogative de droit d'aînesse. Nous indiquerons plus loin la cause de cette égalité entre enfants ; remarquons seulement ici que quelques coutumes sont réfractaires à ce principe général. Telles sont par exemple les coutumes de Valois et d'Etampes. La coutume de Clermont (2) a encore une autre particularité entre les fiefs et les biens de roture ; elle accorde aux enfants le douaire sur les derniers, mais leur refuse sur les fiefs. La coutume de Mantes (3), enfin, distingue entre le douaire préfix et le douaire coutumier ; le second est propre aux enfants, quant au premier, il n'est que viager, de sorte qu'après le trépas de la femme, il revient aux héritiers du mari, « s'il n'y a contrat ou convention au contraire ».

Telles sont les principales coutumes qui accordent

mariage avait cependant le douaire dans cette coutume. Mais les enfants issus de ce mariage, en étaient exclus, bien que le douaire de la mère fut celui des enfants, et cela, car c'est jure contractus que nait l'obligation au douaire,.or, seuls les pères nobles contractaient cette obligation.

(1) Voir Pothier, du douaire des enfants, § 289, in-fine.
(2) Bourdot de Richebourg, t. III, p. 771, art. 160.
(3) Cout. de Mantes de 1556. *Nouv. Cout.*, art. 138. Bourdot de Richebourg, tome III, p. 183.

aux enfants la propriété du douaire de leur mère,
en termes exprès. Nous les désignerons sous le
nom de coutumes « *propres* », pour nous servir d'une
expression souvent employée par nos anciens auteurs.

Remarquons de suite, avant de passer à un autre
groupe important de coutumes, qu'il n'existe qu'une
seule coutume, qui, en termes formels et précis,
déclare que le douaire des enfants n'existe pas et
ne peut pas exister dans son ressort. C'est la coutume de Sens (1). Elle s'exprime ainsi « si la femme
douée de douaire coutumier va de vie à trépas avant
son mari, le douaire est nul et éteint tellement
qu'il n'est propre aux enfants venus de ce mariage. »
A part cette coutume, nous n'avons pas d'autre
texte qui nous dise que l'attribution, en propriété,
pour les enfants du douaire coutumier ou préfix de
leur mère soit opposée aux principes d'ordre public.
Par conséquent, nulle part en France, sauf à Sens,
on ne pouvait considérer comme illicite, la déclaration de s'en rapporter à telle coutume qui admettait le douaire des enfants, ou la convention par
laquelle on établissait un semblable douaire. Il n'y
avait donc pas en France, à proprement parler, de
coutumes repoussant le douaire d'une façon absolue.
Ce qui existait dans de nombreuses régions, c'était
des coutumes, que nous appellerons « *coutumes
viagères* (2). »

(1) Cout. du baillage de Sens de 1555, titre 27, art. 163. B. de R.,
t. III, p. 483 et suiv.

(2) Cette expression de coutumes viagères se trouvent, dans les
anciens auteurs, opposée à celle de coutumes propres que nous avons
employée plus haut.

Chez elles, le douaire de la femme existait ; mais, au sujet des enfants, elles s'expriment en général à peu près en ces termes « lequel douaire est purement viager », ou, encore « pour la femme en jouir sa vie durant seulement. » Presque toutes ces coutumes ont été de la part des jurisconsultes, l'objet d'une note, d'un bref commentaire, qui déclare que le douaire n'y était que viager à la femme. Ce commentaire, cette note, sont souvent nécessaires ; car, du contexte, il ne résulte pas toujours que ce soit en faveur ou au détriment des enfants qu'il faille juger la question. Voici quelques-unes de ces coutumes ; celle de Vitry-en-Artois, dit le François (1), de Meaux (2), du baillage de Chaumont (3), d'Orléans (4), d'Auxerre (5), de Berry (6), du Comté et pays de Blois (7), de Bourbonnais (8), du Comté et Baillage de Montfort-Lamaury (9). Pour ces cou-

(1) Cout. de 1509. B. de R., titre 5, art. 90, tome III, p. 320.

(2) Cout. de 1509. B. de R., titre 2, art. 10, tome III, p. 381.

(3) Cout. de 1509. B, de R. titre 4, art. 70, tome III, p. 357.

(4) B. de R. Art. 240, tome III, p. 751.

(5) Cout. de 1561. Art. 215, tome III, p. 593.

(6) Cout. de 1539. Titre 8, art. 14, tome III, p. 925.

(7) Cout. de 1523. Titre 14, art. 189, tome III, p. 1061.

(8) Cout. de 1521. Art. 249, tome III, p. 1231. — En ce sens également Mathieu Aroux des Pommiers. *Commentaire sur la Coutume de Bourbonnais.* (1 vol. in-fol. Paris, 1732), sur l'article 249 § 12.

(9) Cout. de 1556. B. de R., titre 12, art. 139, tome III, p. 150. Voir aussi René Valin, *Commentaire sur la Coutume de la Rochelle.* Cet auteur déclare que le douaire est purement viager, en cette coutume ; que cet usage a été reconnu dans une conférence du 6 mai 1732, et dont il a été établi acte de notoriété le 11 juillet 1735 ; qu'il ne changera plus. «Car, sans une loi précise, comment attribuer aux enfants, comme enfants, et en qualité de douairiers, la propriété du douaire. »

tumes, il n'y a pas de doute possible, le douaire coutumier n'existe, en principe, que pour les femmes. Cependant, le douaire des enfants n'en était pas complètement exclu. Le douaire de la femme, bien que déclaré purement viager dans la coutume, pouvait devenir propre aux enfants issus du mariage; il suffisait qu'on le déclarât tel au contrat de mariage : une semblable convention faite dans un pays où la coutume déclare que le douaire n'est que viager, ne produisait pas moins son effet (1). Le douaire, il est vrai, devenait pour l'enfant plutôt une donation qu'un douaire; néanmoins, il gardait ce nom et restait soumis aux règles qui

Le soin que met l'auteur à indiquer les actes législatifs, d'ailleurs très récents, qui ont reconnu, à la Rochelle, le douaire comme viager, laisserait presque supposer qu'autrefois le douaire y était propre,

Sur la cout. d'Anjou. *Le Commentaire de Gabriel Dupineau.* (Paris, 1698, 1 vol. in-fol.), sur l'art. 299 « par usufruit seulement, sa vie durant; non dicit qu'il est propre, donc il est personnel. »

Voir aussi René Chopin, au tome I de ses œuvres, p. 348. Livre 3, ch. III, titre I.

Sur la cout. du baillage de Troyes. (*Commentaire de Louis Le Grand.* 1 vol. in-fol. Paris, 1737), sur l'article 87, glose 2, § 19 et 21.

Sur la cout. de Poitou. *Commentaire de Bouchel*, sur l'art. 257, § 2·

La Cout. générale du pays de Bretagne avec paraphrase d'icelle, par Pierre Belordeau. (Paris, 1628, 1 vol. in-4°), sur l'article 455, p. 640 et suiv.

(1) Cette idée qui est celle de beaucoup d'auteurs est bien exprimée dans un *Coutumier de Picardie*, (Paris, 1726, 2 vol. in-fol.) qui contient plusieurs commentaires, entre autres celui d'Antoine Le Roy de Lozembrune, *Sur la Coutume de la Sénéchaussée et Comté de Boulenois*, sur l'article 98 du titre XXIII des douaires « on peut stipuler, dans cette coutume, comme dans toutes les autres où le douaire est purement viager, que le douaire sera propre aux enfants, et, il n'y a rien qui puisse empêcher l'effet de cette stipulation qui est légitime. »

régissent le douaire. En somme, le principe que le douaire est purement viager aux femmes, n'était pas, dirions-nous aujourd'hui, un principe d'ordre public ; les conventions particulières pouvaient y déroger. Nous avons d'ailleurs recueilli des arrêts desquels il ressort que cette stipulation était tout à fait licite (1).

Et c'est sans doute ainsi qu'on peut expliquer la divergence qu'on remarque entre les auteurs sur le point de savoir si le douaire était viager ou propre dans les coutumes muettes, qui forment le dernier groupe que nous avons à examiner. D'une part, du Moulin, sur l'article 163 de la Coutume de Sens, que nous avons citée, s'élève avec véhémence contre cet article qui refuse aux enfants la propriété du douaire : « c'est là, dit-il, une coutume exhorbitante de toutes les autres et aussi du droit commun et, je ne sais, comment on l'a laissé passer, car, par là, il est loisible au survivant de se remarier, sans que les enfants du premier mariage aient douaire ou prérogative quelconque ; aussi, il y a lieu de dire qu'il doit être propre dans les coutumes qui ne le déclarent pas viager ou propre aux femmes ». Les coutumes, que du Moulin désigne dans cette phrase, ne peuvent être que les coutumes muettes. De son côté, Ferrière (2) déclare que le douaire est également propre aux enfants dans presque toutes les coutumes de

(1) Arrêt du 28 février 1676, de la 5ᵉ Chambre des Enquêtes, au *Journal du Palais*, tome I, p. 737 et suivantes.
(2) Tome III. Sur l'art. 249 de la C. de Paris. Glose I, § 5.

France, sauf quelques-unes. Il faut bien que dans ce « presque toutes » il comprenne autre chose que les coutumes relativement peu nombreuses, qui admettent expressément la propriété des enfants.

Voici enfin quelques commentaires sur un arrêt rapporté au *Journal du Palais* (1), qui parle incidemment de la question. On s'était demandé, depuis longtemps, si les douaires coutumier ou préfix étaient, par leur nature et selon le droit commun, seulement viagers à la femme ou effectivement *propres* aux enfants. Et, on répond que par nature tout douaire, dû, en usufruit à la femme, doit appartenir aux enfants en propriété ; « il y a plus d'ailleurs, de coutumes, qui ont imprimé au douaire la qualité de propre, pour les enfants, qu'il n'y en a, qui l'ont restreint à la qualité d'usager pour la femme, quand il y a des enfants ».

Et pourtant quelques auteurs sont d'un avis contraire. Guy Coquille (2), déclare que les coutumes où le douaire n'est que viager sont plus nombreuses ; René Valin (3) s'exprime plus catégoriquement « il est de règle, dans les coutumes, qui ne déclarent pas précisément le douaire propre aux enfants, qu'il ne leur appartient pas. Le fonds ne leur en est pas acquis à titre de douairier, il est attribué à la femme en toute propriété, s'il est stipulé sans retour, et, s'il

(1) C'est le même arrêt de 1676 cité plus haut.
(2) *Institution au droit français*, p. 73.
(3) Commentaire sur la coutume de La Rochelle. Sur l'art. 45, tome II, § 67.

n'est attribué qu'en usufruit, il est absolument
éteint par sa mort ». Ce semble avoir été aussi l'avis
de Renusson (1). Duplessis (2) déclare également
que c'est un principe de droit, que le douaire, par
nature, n'est que viager à la femme, et ne passe pas
à d'autres, sauf dans les coutumes, qui en disposent
autrement, ou qu'il soit stipulé propre aux enfants (3).
Argou (4) décide que jamais le douaire n'appartient
aux enfants, à moins d'une décision expresse de la
coutume, en leur faveur ; et, dans toutes celles qui
ne parlent pas des enfants, le douaire finit par la
mort de la douairière. Challine (5), enfin, est d'avis
que l'article 163 de la coutume de Sens s'applique
dans toutes les coutumes, quand il n'y a pas de
disposition qui déclare que le douaire est propre
aux enfants.

La doctrine, on peut en juger, n'était pas très
assurée. La jurisprudence ne nous fournit pas
d'arrêts fondamentaux sur la question. Il semble,
cependant, que plus on s'éloigne de l'époque des
coutumes rédigées, plus les auteurs considèrent le
douaire des enfants comme une exception, et veulent

(1) *Du Douaire*, ch. v, § 7.

(2) *Consultations*, tome I, p. 731.

(3) Sur le point de savoir si le douaire est propre aux enfants dans
la coutume de Bretagne, voir une consultation faite à Rennes le
9 octobre 1683, signée de trois jurisconsultes, trouvée dans les manus-
crits de Duplessis et rapportée au supplément de ses consultations,
t. I, p. 129.

(4) *Institution au droit français*, t. II, livre 3, ch. x, p. 129.

(5) *Méthode générale pour l'intelligence des coutumes de France*,
page 104.

l'écarter des coutumes muettes. Néanmoins, il est un point absolument certain ; c'est que jusqu'à la Révolution, le douaire des enfants se rencontre très florissant ; que la coutume de Paris, qui l'admettait, aussi célèbre par la sagesse des règles qu'elle contenait, que par la façon magistrale dont la comprenaient les jurisconsultes et l'interprétaient les magistrats, était souvent choisie dans les divers points de la France ; qu'enfin, même dans les coutumes opposées au douaire des enfants, certains biens pouvaient parfois être affectés à ce douaire, de sorte qu'en fait, dans les coutumes les plus divergentes, on rencontrait cette institution.

C'était là peut être, une conséquence des principes relatifs à la réalité et à la personnalité du droit de douaire dans les coutumes (1). Les dispositions relatives au douaire coutumier sont du statut réel. Comme pour tous les statuts réels, elles exercent leur empire sur les héritages et biens immobiliers situés en leur territoire, quelque soit, d'ailleurs, le domicile du propriétaire de ces biens. C'est donc la coutume du lieu, où sont situés les biens immobiliers que possède le mari au jour du mariage, et celle du lieu où sont situés les héritages, qui lui adviennent depuis, en ligne directe, qui servira de loi pour savoir si un enfant aura ou n'aura pas la propriété du douaire sur ces héritages.

____

(1) *Sur la distinction entre les statuts réels et les statuts personnels*, voir Pothier, cout. du duché et baillage d'Orléans (Paris, 1772 1 vol. in-4°). Introduction générale, chapitre ɪ.

Voir aussi Valin. *Cout. de la Rochelle*, tome II, p. 521 et suiv.

Supposons donc qu'un homme se marie sans constituer aucun douaire; il est domicilié dans une coutume, qui ne donne pas la propriété du douaire aux enfants: à Meaux, par exemple. Les enfants issus du mariage n'en auront pas moins leur douaire coutumier sur les immeubles que le père avait au jour du mariage, ou sur ceux, à lui advenus en ligne directe, depuis le mariage, si ces biens sont situés dans des coutumes, qui, comme Paris, accordent aux enfants le douaire coutumier. Charondas le Caron (1) est de cet avis, et, cite en ce sens un arrêt du 7 mars 1567; il s'agissait d'un douaire accordé par le mari, en la coutume de Meaux ; le douaire, dans cette coutume, est purement viager ; c'était la coutume du domicile des parties, et celle aussi où elles avaient contracté mariage. Le mari, cependant, avait une maison sise à Paris, qui lui appartenait en propre. A sa mort, ses enfants prétendirent avoir la propriété de la moitié de cette maison, en vertu de l'article 248 de la coutume de Paris, et cet arrêt la leur adjugea. Et Charondas approuve cette décision, car « les droits et successions (au sens le plus large) des immeubles se gouvernent et se règlent selon la coutume du lieu où sont situés les héritages ». C'est aussi l'avis de Ferrière (2). Bourjon (3), de son côté,

(1) *Pandectes ou Digeste du Droit français,* liv. II, chap. v.

(2) Sur l'art. 247 de la cout. de Paris, Glose I, § 2, tome III, p. 679, il indique l'arrêt mentionné plus haut.

En ce sens Tronçon sur l'art. 256 — verbo : douaire. — Ricard sur 247. — Renusson, chapitre iv, sect. 5, p. 741. — Chopin sur Paris, tome III de ses œuvres générales, titre II du douaire n° 15, p. 151.

(3) Bourjon, section 5, chapitre iv, p. 741.

déclare aussi que le douaire coutumier est un droit réel, et que cette qualité désigne la loi qui doit le régir : c'est la coutume du lieu où sont situés les héritages, et elle seule, qui doit servir de règle pour le douaire coutumier. Renusson (1) ajoute qu'il n'y a pas lieu de considérer la coutume où le mariage a été célébré, ni celle du domicile du mari, mais tout au contraire, celle où les immeubles du mari, sujets à douaire, se trouvaient situés. On présume, d'ailleurs, que telle a été la volonté des contractants, quand ils n'ont pas manifesté de volonté contraire. Le Brun (2) est plus catégorique encore « demander si le douaire coutumier est réel, et dépend des coutumes sur lesquelles sont situés les biens du mari, c'est demander si le douaire coutumier est bien un douaire coutumier; car, dès qu'il est coutumier, il dépend des coutumes du lieu où les biens sont situés (3). » Bacquet (4) approuve, lui aussi, cette façon de penser, car le douaire coutumier est pris par le bénéfice de la coutume où sont situés les biens; il

(1) Renusson, *Du douaire*, chapitre v, n° 47, p. 151.
(2) Le Brun, livre II, chapitre v, section 2, page 330.
(3) Egalement : le *Commentaire de la cout. de Châlons*, de Louis Billecart (Paris, 1626, 1 vol. in-4°). Page 125, art. 41, la note. — De même, *Commentaire sur la cout. de Poitou*, de Joseph Bouchel, sur l'art 256, § 8. «En ce qui concerne les biens, la coutume est réelle, — respicit rem. » Et sur l'article 257, §3. —Voir aussi *Commentaire sur la cout. d'Orléans*, par de la Lande, 2° édit. revue par Ph.-Aug. Perreaux (2 vol, in-fol. Orléans, 1704) au tome 1, titre 12 des douaires. — De même *Cout. du baillage de Chartres*, de Couart, p. 222 et *Maximes générales du droit français*, en trois livres, par Pierre de l'Hommeau, Paris, 1665, 1 vol, in-4°. Livre 3, titre du douaire.
(4) *Droits de justice*, chap. xv, § 50, page 94.

faut donc se conformer à ces coutumes et jouir des héritages, comme elles l'ont ordonné.

Dès lors, si le douaire coutumier est différent dans l'une ou l'autre coutume, qu'il soit ici de la moitié, là d'un tiers ; qu'il se prenne sur tous les biens d'un côté, sur les seuls biens nobles d'un autre; c'est la situation seule des biens qui déterminera la part du douaire qui reviendra aux enfants dans telle ou telle coutume. Les enfants n'auront aucun douaire sur les biens de leur père, si la coutume, où sont situés ces biens, ne connaît pas le douaire des enfants ; ils n'auront qu'un tiers, si elle n'accorde le douaire des enfants que pour un tiers; seuls les enfants nobles auront le droit de le réclamer, si le douaire des enfants n'existe que pour les nobles seuls (1). Il résulte de ce que nous venons d'examiner, que, même dans les pays qui n'admettaient pas le douaire des enfants comme règle de leur droit coutumier, on rencontrait des personnes qui avaient un douaire dans d'autres pays, et, c'est ainsi que cette institution se trouvait être si répandue.

Les dispositions des coutumes se référant au douaire préfix sont, contrairement au douaire coutumier, du

(1) Ce que nous avons dit des héritages immobiliers doit s'appliquer aux droits immobiliers qu'on peut avoir sur un héritage, ou par rapport à un héritage. Les rentes constituées, dues par le roi, étaient des immeubles (Ferrière, t. III, p. 719, sur l'art. 248, Glose, I), elles étaient censées avoir un domicile au lieu où est situé le bureau du paiement, les offices au lieu où ils s'exercent. Aussi, il n'y aura lieu au douaire coutumier pour les enfants que si la coutume où se paie la rente, celle où s'exerce l'office, admettent le douaire des enfants.

statut personnel (1) ; tous les auteurs sont également d'accord sur ce point. En général, quand il s'agit de douaire préfix, les parties s'expliquent clairement, dans leur contrat de mariage, sur les points principaux qui vont faire l'objet de l'accord de leurs volontés. Si donc, les contractants déclarent au contrat de mariage, que le douaire sera propre aux enfants, les enfants, qui naîtront du mariage, auront, sans aucun doute, la propriété des choses qui ont été assignées au douaire de leur mère, et cela, en quelque lieu que soient situés ces biens, et quelque soit aussi le domicile des parties. De même encore, la soumission des contractants à telle coutume entraînera, de plein droit, le douaire des enfants, si, cette coutume le leur accorde, même si les biens étaient situés en d'autres coutumes qui refusent le douaire aux enfants ; enfin, une dérogation absolue à toute coutume où le douaire est purement viager produirait le même résultat. Ce sont là des points certains.

Mais, il pouvait arriver que le contrat de mariage ne se soit pas clairement expliqué sur la question du douaire des enfants ; il y avait alors lieu de se rapporter aux principes généraux pour chercher à

(1) Sur cette question Claude-Marie Rouyer, *Cout. générales et locales du pays et duché de Bourbonnais*. 1 vol. in-4° (Moulins 1779), sur l'art. 249. — Également Joseph Bouchel, *Cout. de Poitou*, sur l'art. 257, n° 4 et 5. — Charondas, *Pandectes du droit français*, déclare que pour le douaire préfix, il n'y a pas de doute qu'il ne soit propre en toutes coutumes, t. I, liv. 2, chap. 5, car il suppose que le contrat l'a déclaré tel. Voir aussi Guy Rousseaud de la Combe, *Recueil d'arrêts*, verbo : douaire, section 3, § 3.

quelle coutume il fallait avoir recours, quelle était celle qu'on devait appliquer. A ce point de vue, les commentaires sur un arrêt du 28 février 1676, rapporté au journal du Palais, (1) sont très précis. Le douaire préfix aura la qualité de propre de plusieurs manières : quand les biens sur lesquels le douaire est perceptible, sont situés dans une coutume qui ordonne que le douaire préfix soit propre aux enfants ; quand au jour du contrat, qui contient stipulation de douaire préfix , les époux sont domiciliés dans une coutume où le douaire est propre. C'est en principe la coutume du lieu du domicile du mari au jour du contrat de mariage, qui doit servir de règle en matière de douaire préfix. Les auteurs, dont nous avons cité les références à propos du douaire coutumier, abondent en notre sens pour le douaire préfix. Le douaire préfix, en effet, n'est que le résultat d'une convention ; seules les parties intéressées peuvent lui imprimer une qualité quelconque. Or, sauf indications contraires, c'est aux lois et aux coutumes de leur pays que se rapportent des contractants, quand ils ne déclarent pas se soumettre à d'autres lois, et, précisément même parce qu'ils ne

(1) *Journal du Palais*, tome I, page 737. Cet arrêt est admirablement documenté, et prouve avec une jurisprudence constante à l'appui, tous les points, qui y sont traités. Voir aussi la *Jurisprudence du Parlement de Paris* réduite en maximes, par Laurent Jovet ; à la table sont citées quelques maximes, mais sans références au cours du livre, 2 maximes en ce sens.

Voir aussi le *Journal des Audiences*, tome I, livre VII, ch. 22, p. 698, un arrêt du 10 mars 1653 et tome I, livre 2, chap. 46, un arrêt du 18 may 1629.

s'y soumettent pas. C'est donc cette coutume du pays des contractants, qui doit leur servir de loi ; et, qui, par conséquent, doit indiquer la qualité qu'aura le douaire vis-à-vis des enfants à naître du mariage. Le douaire sera propre, si les futurs époux habitent Paris ou telle autre coutume qui déclare le douaire propre ; il sera purement viager au cas contraire ; il sera du tiers si les parties habitent la Normandie, de la moitié, si leur domicile est à Senlis.

C'est aussi l'avis des auteurs. Bacquet (1) cite deux arrêts qui confirment cette opinion. Les motifs de ces décisions, c'est que les contrats de mariage, et les clauses qu'ils renferment sont purement personnels, et dépendent uniquement des coutumes où ces contrats ont été passés. Les parties, en somme, choisissent telle coutume pour y demeurer, ou pour y passer un contrat; elles n'ont pas expliqué le motif de leur choix; on peut déduire, de ce silence, qu'elles n'ont qu'un but : se soumettre à la coutume sous laquelle elles habitent (2). C'est d'ailleurs bien là le résultat qu'elles ont cherché, sans quoi, elles eussent fait une restriction sur la question spéciale

(1) *Droits de Justice*, ch. xv, n° 50. Les arrêts cités par Bacquet sont rapportés avec plus de renseignements dans l'arrêt du 28 février 1676.

(2) Un arrêt du 18 décembre 1683, rapporté au *Journal du Palais*, tome II, p. 487 et suivantes. A la page 490 un autre arrêt du 2 mars 1648. « La coutume, qui est le contrat de mariage public, fait l'office des parties contractantes, et donne le douaire dont elles ne se sont pas convenues. » Voir aussi au tome V, livre 1, ch. ii, un arrêt du 3 août 1682.

du douaire. Le Brun (1) estime que, si on stipule dans un contrat de mariage, fait à Paris, un douaire préfix, il suffit que le contrat ait été fait à Paris pour rendre ce douaire propre en Anjou, Maine et Bretagne ; et, en voici le motif : deux futurs conjoints, faisant un tel contrat, s'attendent à ce que le douaire soit propre aux enfants, partout où ce contrat devra s'exécuter, comme cela se produit à Paris ; ils ne connaissent pour ainsi dire que la loi parisienne, et ne sont pas censés croire qu'il en existe une autre, qu'il y a, autre part, une loi opposée à celle sous laquelle ils ont contracté ; il importe, alors, que partout où doivent se faire sentir les effets de cette loi particulière, qui est la leur, ce soit à ses seuls principes qu'on se refère, et qu'on s'incline devant ses seules décisions. Le douaire préfix n'est pas comme le douaire coutumier un *jus in re*, autrement dit, un droit réel ; il est, au contraire, un *jus ad rem*, c'est-à-dire un droit personnel, accompagné d'hypothèque.

Mais, les parties contractantes pouvaient avoir leur domicile sous des coutumes différentes ; quelle était alors celle qu'il fallait appliquer ? Les auteurs et la jurisprudence inclinent en faveur de celle du domicile du mari ; c'est là, en effet, qu'il doit conduire sa femme après son mariage, ce sera la cou-

(1) Le Brun, livre 2, ch. v, sec. 2, § 26.

Sur ce sujet Ferrière, sur 247. Glose i, § 11, p. 679. — Renusson, ch. iv, n° 17 et suiv. — Bourjon, sect. 5, ch. 2. — Pothier, douaire des enfants, n° 319 et suiv., ch. i, art. 5, section 2.

tume de leur domicile quand ils seront mariés, on répute, par avance, que c'est celle des conventions matrimoniales, et qu'elle doit régler la qualité du douaire préfix (1). Pothier, cependant, nous fait remarquer que si l'homme s'est marié pour se fixer avec sa femme au domicile de cette dernière, il serait réputé avoir abdiqué le sien pour choisir le dernier, et, ce serait la coutume du domicile de la femme, qui réglerait les conventions matrimoniales et la qualité du douaire préfix.

C'est donc la coutume du domicile des parties au jour du contrat de mariage, qui devient leur loi, en matière de douaire préfix, par le seul fait qu'elles n'ont pas choisi une autre coutume (2) ; c'est elle, seule, qui, à l'avenir, est maîtresse de déclarer si le douaire sera propre ou viager ; au point que, si la

(1) Tel n'est pourtant pas l'avis du *Commentateur de la Coutume de la Sénéchaussée et Comté de Boulennois*, qui, au titre 23 de l'art. 98, déclare qu'au cas ou un individu originaire du Boulennois ou d'autre pays où le douaire est viager, se fixe à Paris, y contracte, s'y marie, y meurt, les enfants sont mal fondés à réclamer leur douaire coutumier, car « le silence des parties au contrat indique que le douaire se doit régler d'après la coutume où sont situés les héritages. Le silence des contractants fait connaître qu'ils voulaient se conformer aux dispositions de la coutume où étaient situés les biens. » Mais l'auteur ne cite pas d'arrêts.

(2) C'est le sens de l'espèce de l'arrêt rapporté au *journal du Palais*, (au corps de l'arrêt du 28 février 1676) qui est lui-même du 5 mai 1602. Le douaire fut accordé aux enfants sur les biens sis en Bourbonnais, parce que le mari, domicilié à Paris, avait constitué un douaire préfix à sa femme, de 100 livres de rente, sans même stipuler la qualité de propre.

Cette jurisprudence a été renouvelée dans un autre arrêt du 24 août 1673, au sujet de la coutume de Montfort et enfin confirmée en 1676.

convention a été faite dans une coutume « *propre,* »
il suffira que le contrat parle d'un douaire accordé
à la femme, fût-ce même en usufruit seulement, sans
mentionner les enfants (1), pour que, cependant, les
parties soient réputées avoir convenu d'un douaire
propre aux enfants. Il faudrait, au contraire, une
mention toute spéciale indiquant qu'il y a là un
simple douaire viager à la femme pour qu'il en soit
ainsi. De même encore, il suffirait que le contrat
passé dans une coutume où le douaire est propre,
attribue à la femme comme douaire, un simple
usufruit sur un immeuble situé en pays viager, pour
que, cependant, les enfants aient un droit de douaire
en pleine propriété sur cet immeuble. Ce n'est plus,
en effet, la loi de la coutume, qui agit, c'est celle
des parties qui s'est substituée à la première ;
cette loi seule doit fixer la qualité de l'héritage qui a
fait l'objet de la convention. Cette convention a été
faite dans un pays où le douaire est propre, sans
qu'on se soit prononcé sur la question des enfants ;
elle est donc censée avoir été faite, suivant la
coutume du pays où elle s'est accomplie, puisque
cette coutume est celle que les parties ont choisie
pour la règle particulière de leur convention.

Il résulte de ces différentes considérations que le

______

(1) Pothier, sur ce point, rapporte un arrêt du 8 août 1758. Le
douaire fut accordé aux enfants du marquis de Nesle, quoique les
biens fussent situés à Troyes, où le douaire est viager, parce que le
contrat de mariage, qui donnait à la femme son douaire préfix, avait
été fait à Paris, domicile des contractants, sans pourtant qu'il y eut
mention d'enfants.

douaire des enfants pouvait et devait exister en fait
par toute la France. La complexicité des déductions
qu'on pouvait tirer du caractère de personnalité ou
de réalité de ce droit de douaire, ne fut peut être pas
connue de la totalité des jurisconsultes, et, on pourra
s'expliquer ainsi la divergence que nous avons pu
rencontrer dans leurs opinions, au sujet des coutumes
muettes. Cette question des coutumes muettes ne
semble pas, au surplus, avoir passionné nos anciens
auteurs au sujet du douaire des enfants ; nous
n'avons rencontré que les opinions indiquées plus
haut. D'ailleurs, le mécanisme assez compliqué,
auquel donnait lieu l'application des principes, que
nous avons examinés sur la réalité ou la personnalité du droit de douaire, devait aboutir à indiquer,
le plus souvent, une solution, quand elle faisait
défaut dans la coutume.

CHAPITRE II

Nature et composition du douaire des enfants

Le douaire de la mère est le propre héritage des enfants ; telle est la façon dont s'exprime la coutume de Paris au sujet de notre institution. Ces deux douaires n'en forment qu'un, nous le savons, en usufruit pour la mère, en pleine propriété pour les enfants ; ils avaient donc la même nature et consistaient dans les mêmes choses.

Section I. — Nature du douaire des enfants

On a parfois voulu considérer le douaire de la femme comme une donation qui lui était faite par son mari. C'est peut-être, dans le rapprochement qu'on peut établir entre le douaire et la donation propter nuptias, qu'il faut chercher la cause de cette confusion ; mais surtout, dans cette manie de nos anciens auteurs, qui les portait à tout ramener, quand même, aux principes émis dans le Code et les Institutes. Or, pas plus à l'égard des femmes qu'à l'égard des enfants, qui naissaient du mariage, le

douaire ne constituait une donation, dans les coutumes qui déclarent expressément le douaire propre
aux enfants. Pour les femmes, le douaire est sans
nul doute un titre lucratif ; elles ne donnent rien à la
place de ce qu'elles reçoivent, quoique pourtant la
morgengabe.et le pretium nuptiale, origine probable
du douaire, soient la véritable rémunération d'une
marchandise ou le prix réel d'un sacrifice. Mais, ce
n'est pas une véritable donation ; en effet, ce qui
dénote une donation, c'est surtout le caractère de
libéralité qui l'accompagne ; c'est l'absence de con-
trainte du donateur vis-à-vis du donataire ; or, dans
le douaire, l'origine historique nous a montré qu'un
homme, en épousant sa femme, doit pourvoir à sa
subsistance, au cas où elle lui survirait. Il peut y
pourvoir dans son contrat de mariage, par le douaire
conventionnel. A défaut de contrat, et pour remplacer
ce contrat, la coutume a créé le douaire coutumier.
La donation résulte de la pure générosité ; or, la loi
accorde d'elle-même le douaire, sans que le mari y
ait une part quelconque. Le douaire n'est donc pas
une libéralité, quand il s'agit de la femme ; et, si on
objecte que le contrat de mariage peut décider que
la femme n'aura aucun douaire, et qu'on peut
conclure de là, que lorsque ce douaire existe, il
devient une véritable donation, nous répondons que
l'absence de douaire dans un contrat de mariage ne
prouve pas que ce douaire soit une donation lorsque
le contrat le contient ; que cette absence de douaire
montre seulement qu'il est des cas où la femme peut

faire remise de la dette, que son mari avait contractée envers elle, par le seul fait du mariage.

Vis-à-vis des enfants, le douaire ne peut pas non plus être une libéralité. Ce douaire, qui, à tous points de vue, est identique à celui de la mère, ne peut pas avoir une autre nature que le sien, avec lequel il ne fait qu'un. Si le douaire constitue une dette du mari à la femme, c'est aussi une dette qu'il constitue entre le père et les enfants issus de ce mariage. Les textes eux-mêmes s'opposent à ce qu'on puisse considérer le douaire des enfants comme une libéralité, une donation faite par le père. L'article 252 de la coutume de Paris et d'autres qui la reproduisent, déclarent qu'il y a incompatibilité entre les qualités de douairiers et de donataires : ils ne s'exprimeraient pas ainsi, si le douaire était une donation ; ils n'opposeraient pas l'un à l'autre deux titres identiques. Ajoutons aussi, que dans la majorité des coutumes, où le douaire est propre, l'aîné des enfants ne pouvait nullement faire réduire à la portion dont le père pouvait disposer envers eux, le douaire de ses frères et sœurs, comme il eût pu le faire, s'il se fut agi d'une donation. Ce douaire était insaisissable, imprescriptible, mais ce n'était pas une donation.

D'ailleurs, pas plus pour les femmes que pour les enfants, le douaire n'était soumis au droit d'insinuation. (1) Les enfants ne devaient pas payer non plus

---

(1) Sur ce point, Guyot, Répertoire de législation. Verbo : douaire tome 6, p. 277.

le droit de centième denier (1) des biens qui leur avaient été adjugés en douaire. Enfin, le douaire des enfants du premier lit n'était jamais sujet au retranchement pour former la légitime des enfants du second lit. (2) Cette question fut longtemps discutée ; on l'admit enfin en jurisprudence. Guyot, en effet, nous cite un arrêt du 27 mars 1629, rapporté par Bardet, qui «a jugé, *in terminis*, que les enfants du second lit n'ont pas droit à la légitime sur le douaire des enfants du premier lit ».

Donc, le douaire des enfants dans les pays qui leur donne la propriété du douaire ne pouvait être regardé comme une donation. Qu'en était-il dans les coutumes qui le déclarent purement viager.

Il semble que l'opinion de la doctrine et de la jurisprudence a varié à différentes reprises. Le Brun estimait que l'individu domicilié dans une coutume *viagère* et qui constitue un douaire propre aux enfants à naître du mariage suivant la coutume de Paris, n'exerce, par ce changement de loi, aucune libéralité ; il ne fait que choisir la manière de contracter pour créer un titre onéreux. Et Guyot, qui nous cite cette opinion, la fait suivre de quelques commentaires, qui la justifient : un contrat de mariage n'est pas un contrat à titre gratuit ; il peut contenir des libéralités, sans pourtant constituer

(1) Guyot, t. 6, p. 407. Le droit de centième denier était un droit de mutation de propriété, d'usufruit, de rentes foncières ou tout autre droit réel et immobilier. Si les enfants ne le payaient pas, c'est qu'il n'y avait pas donation quand il y avait douaire.

(2) Guyot, t. 6, p. 337.

une donation, bien qu'il y ait un profit pour quelqu'un. On choisit telle coutume plutôt que telle autre par une prédilection qui peut se justifier, et pas pour autre chose. La loi primordiale des conventions matrimoniales, c'est la liberté absolue ; on peut donc parfaitement contracter sous une coutume plutôt que sous une autre, sans cesser d'avoir fait autre chose qu'un contrat de mariage, quels que différents que puissent être les résultats obtenus par le changement de coutumes. Guyot cite, en ce sens, un arrêt du 3 août 1682, sur la coutume du Maine, qui déclare, que le fait de s'être soumis à la coutume de Paris, pour faire son contrat de mariage, ne saurait nullement transformer le douaire en une donation faite à l'enfant.

Pothier (1) est d'un avis différent : il considère qu'il y a, dans tous les cas, une véritable donation (2) ; qu'elle n'est sans doute pas soumise au droit d'insinuation, dont sont exemptées toutes donations en ligne directe faites par contrat de mariage, mais, elle est sujette au retranchement pour la légitime des autres enfants (3). Et Pothier cite un arrêt du

(1) Chapitre I, art. I, n° 292.

(2) C'est l'avis de Ricard, sur la coutume du baillage d'Amiens, sur l'art. 115 (*au Commentaire des coutumes de Picardie*) il s'exprime en ces termes : « Le douaire stipulé propre aux enfants où il n'est que viager, est reputé donation ».

(3) En effet, dit Pothier, dans les coutumes où le douaire n'est que viager, quand l'enfant obtient le douaire, c'est à titre purement gratuit; sans doute, ce n'est pas le but qu'on se propose d'atteindre en faisant un acte, qui peut modifier le caractère et la nature de cet acte ; mais, il n'en est pas moins vrai, que, si on parvient à faire

16 mars 1764, qui est en ce sens. Peut être s'est-il produit un mouvement de jurisprudence ? S'il en était ainsi, on peut s'étonner que Guyot, qui écrivait après Pothier, n'ait pas indiqué l'opinion nouvelle qui tentait à s'implanter, et se soit tenu à l'ancienne jurisprudence.

Loysel (1) déclare que le douaire des enfants est une légitime coutumière prise sur les biens du père par le moyen et bénéfice de leur mère ; la règle 29 ajoute : « Tout ce qui se compte en légitime se compte en douaire, car le douaire est légitime. » Il a suffit qu'une autorité comme Loysel ait employé cette expression de légitime pour que tous les commentateurs l'aient reproduite, et pour qu'on ait établi des rapprochements entre la légitime et le douaire des enfants (2). Il y a, en effet, entre la légitime et le douaire, une ressemblance importante. C'est qu'il y a là une quotité de biens, qui, en fin de compte, retourne toujours aux enfants. Mais, c'est surtout au sens où Loysel entend le mot légitime que les rapprochements s'accentuent. En accolant ensemble les mots légitime et coutumière, il a certainement

produire à un acte à titre onéreux tous les effets d'un acte à titre gratuit, l'acte onéreux n'aura plus son caractère primitif. C'est ce qui se passait dans les coutumes viagères ; une constitution de douaire cachait une donation faite par contrat de mariage aux enfants à naître du mariage ; le résultat était le même que s'il avait eu donation, et, par conséquent, il semblait juste de soumettre cette donation déguisée aux mêmes règles que les donations ordinaires.

(1) Loysel, règle 23, titre iii, liv. i.

(2) Duplessis, *Traité des douaires*, chap. i, sect. i. — Chopin, *Sur Paris*, t. III, titre des douaires, titre ii, § 8.

voulu entendre le mot légitime en son sens romain ;
c'est-à-dire une institution fondée sur le jus san-
guinis, sur une obligation née d'un devoir de piété,
« ex officio pietatis, » et qui consiste à laisser à
certains parents une portion déterminée de ses biens.
Il faut convenir qu'en prenant le mot légitime en
ce sens, la comparaison de Loysel est des plus
heureuses. Comme le douaire, en effet, la légitime
romaine était attachée à la qualité de parent, et non
à celle d'héritier ; comme le douaire, elle se prend
sur une partie des biens du père et non sur une
quote part de son hérédité (1).

Mais, si, on considère le mot légitime au sens
qu'il a dans notre droit français, il y a entre les deux
institutions de grandes différences. Tandis que la
légitime était due aussi bien par le père que par la
mère, le douaire ne se prenait que sur les seuls
héritages du père ; c'étaient ces biens uniquement,
qui étaient immobilisés pendant le mariage, et qui
formaient le propre héritage des enfants. D'autre
part, si, pour savoir sur quels biens devait se calculer
la légitime, on formait une masse, qui se composait

(1) A partir d'une certaine époque, les pays de droit écrit, qui ne
connaissaient que la légitime telle que nous l'avons décrite, emprun-
tèrent les règles de la réserve du droit coutumier. La réserve ne
portait que sur les propres (les 4/5, *Quatre quints*). Elle passait, en
général, aux parents d'estoc et de ligne d'où venaient les propres, à
titre de succession « ab intestat, » et qui avaient accepté cette
succession.

Les règles de la légitime primitive et de la réserve se trouvèrent
peu à peu mélangées par suite de la jutaxposition des deux institutions, et c'est ainsi que les légitimaires n'eurent droit à la légitime
qu'en qualité d'héritiers.

uniquement des biens laissés par les parents, au jour de leur décès, en y ajoutant les biens dont ils avaient disposé par donation entre vifs, au contraire, le douaire coutumier comprenait tous les héritages immobiliers que le père avait en propre au temps des épousailles et ceux qui lui étaient advenus en ligne directe ascendante pendant le mariage. Le père pouvait parfaitement, durant le mariage, aliéner, à titre onéreux, un des biens, qui, s'il n'avait pas été aliéné, aurait formé la légitime de ses enfants, il ne pouvait jamais ni vendre, ni aliéner, ni engager au préjudice de ses enfants, d'une façon quelconque, un des héritages sur lesquels portait le douaire.

Le droit des enfants à la légitime ne commençait à exister qu'au décès des parents; leur droit au douaire existait du jour du mariage, mais ne s'ouvrait qu'au décès du père. La masse des biens qui constituaient la légitime n'était formée que déduction faite des dettes contractées par le défunt, à quelqu'époque qu'elles aient été contractées; seules les dettes contractées antérieurement au mariage par leur père, pouvaient diminuer le douaire des enfants. La légitime était un droit successoral; pour l'obtenir, il fallait avoir accepté l'hérédité, avoir fait acte d'héritier; c'est « *jure successionis* » qu'on était nanti des biens qui la composaient; tandis qu'au contraire, les qualités de douairier et d'héritier sont incompatibles et furent toujours opposées, le douaire se prenait non « jure successionis » mais « *jure contractus* »; or un héritier est tenu des obligations de son auteur; si un enfant avait été à la fois dans la succession de son père, héritier et douairier, il aurait dû abandonner d'une main ce qu'il recevait de l'autre. De cette différence en découlent d'autres sur lesquelles nous aurons l'occasion de revenir. Les parents ne pouvaient pas, par contrat de mariage, priver leurs enfants de leur légitime ; ç'eût été un pacte sur succession future. Ils pouvaient, au contraire, écarter leurs enfants du douaire par une clause quelconque de leur contrat de mariage, sans qu'il y eût quelque chose d'illicite à ce sujet. La légitime n'était pas payée avant les dettes et les libéralités faites par le défunt; c'était seulement quand ces dettes et ces libéralités étaient acquittées que se prélevait la légitime, en vertu de ce principe que l'hérédité n'appartient aux héritiers que déduction faite des dettes. Le douaire passait avant tout ; le douairier, qui tenait son droit d'un contrat, avait un titre antérieur à celui des créanciers postérieurs au mariage, des légataires, des donataires, et devait, par conséquent les primer. Enfin, la légitime, qui est un droit successoral, qu'on prend comme héritier, était soumise aux règles relatives au droit d'aînesse ; le douaire, résultant d'une obligation légale ou d'une convention particulière, n'y était pas soumis.

Telles sont les principales différences entre la légitime et le douaire ; elles montrent la véritable nature du douaire des enfants. Notre institution n'est donc ni une donation, ni un droit successoral ; c'est un droit « sui generis », qui peut ressembler par ses résultats à la donation ou aux successions, mais qui n'en est pas moins un droit particulier. Comme celui de la femme, avec laquelle il ne fait qu'un, le douaire des enfants est le résultat d'une obligation, d'un contrat. C'est « jure contractus » (1) que les enfants l'obtiennent, « non vero facto mariti (2), sed ex pacto aut ex lege. » En effet, pour le douaire préfix, c'est le contrat de mariage des parents, qui crée le douaire au profit des enfants. Ce droit, sans doute est en suspens, il n'est pas parfait, tant que celui, qui n'en est jusqu'à présent que le titulaire possible, n'en sera pas devenu le titulaire certain par la ratification de la convention passée par ses parents, ratification qui aura lieu le jour où il répudiera la succession du père pour se tenir au douaire. Le droit est créé, il existe, comme usufruit, dans la personne de la femme du jour du mariage ; comme droit de propriété, il existe, sans doute aussi, dès le jour du mariage, ce sont les propres termes de la coutume de Paris, mais, sans pouvoir se fixer sur une personnalité quelconque, puisque cette personnalité n'existe pas encore, et n'existera peut être jamais. Néanmoins, il est certain que les parents ont voulu contracter une dette vis-à-vis de leurs enfants. Les parents et surtout les pères, par le seul fait qu'ils se marient que de leur plein gré, ils se

(1) Le Brun. *Traité des successions*, p. 336, § 3.

(2) Ferrière. Sur le titre 11 des douaires. Observations de M. X., nº 11. Voir encore Charandas le Caron, sur la *Cout. de Paris*, sous les articles 250 à 254. — Belordeau, sur la *Cout. de Bretagne*, p. 640. Sur l'art. 455 et Brodeau sur *Louet*, lettre D, p. 434, nº 44.

mettent dans la possibilité d'avoir une famille,
contractent des obligations vis-à-vis de cette famille
future ; celui qui bénéficiera des effets de cette obligation n'existe pas encore, au jour où elle est
contractée, il n'existera peut-être jamais, et, pourtant, l'obligation existe en attendant qu'elle puisse
s'exercer.

Ce qui est dit du douaire préfix doit s'appliquer
au douaire coutumier. Ici, c'est la loi qui a remplacé
la convention des parties. Sage et prévoyante, elle
a songé que les pères pouvaient parfois tromper
les sentiments que la nature inspire aux parents
pour leurs enfants ; qu'ils pouvaient parfois oublier
de contracter au moment de leur mariage l'obligation
dont leurs enfants devaient être les bénéficiaires ;
et, elle a voulu, que même dans ces cas d'oubli, par
le seul fait de sa toute puissance, l'homme, qui a le
dessein de devenir père, obligeât une partie de ses
biens pour ses enfants à naître du mariage ; et, c'est
ainsi qu'elle donne le caractère d'obligation au
douaire coutumier qu'elle a créé, afin, suivant
l'expression de Duplessis, que ce fut l'acte même
qui fait naître l'espérance des enfants qui pourvoit à
leur subsistance.

SECTION II. — COMPOSITION DU DOUAIRE DES ENFANTS

ARTICLE I. — *De quoi se compose activement le
douaire coutumier ?*

Nous avons vu au premier chapitre qu'il y a
certaines dissemblances dans les coutumes qui

reconnaissent aux enfants la propriété du douaire,
il n'en est pas de même au sujet des biens dont se
compose le douaire des enfants. En effet, à part la
coutume de Calais, (1) toutes les autres que nous
avons indiquées, ont, sinon les mêmes termes que
la coutume de Paris, au moins des dispositions
identiques. Voici comment s'exprime l'article 248 de
la coutume de Paris : « Le douaire coutumier est la
moitié des héritages que le mari tient et possède au
jour des épousailles et bénédiction nuptiale, et la
moitié des héritages qui, depuis la consommation
dudit mariage, et pendant iceluy, eschéent et adviennent en ligne directe audit mari ».

Le mot héritage doit être pris ici au sens le plus
général qu'on puisse donner au mot immeuble. (2)
Telle a été la pensée des rédacteurs de la coutume
et aussi des commentateurs. (3) Par le mot héritage,

(1) Article 49. *Cout. de Calais.* Bourdot de Richebourg, tome IV,
p. 5 : « Douaire coutumier est la moitié des fiefs et le tiers des héritages tenus en roture appartenant au mari au jour des épousailles et
bénédiction nuptiale et de ceux qui depuis la consommation du
mariage et pendant iceluy échéent et adviennent audit mari en ligne
directe. »

(2) Voir *Guy Coquille*, questions et réponses sur les articles de la
Coutume. Question 144, *passim*.

(3) Guy Coquille. *Cout. du Nivernais*, chap. XXIV, art. I. — Duplessis,
observations sur l'art. 248, au chap. II, sect. 2. — Ferrière sur l'art. 248.
Glose I, § 2 et aussi § 17.

C'est d'ailleurs le mot immeuble qu'emploie le coutume de Paris à
l'article 253, quand elle indique les biens qui forment le douaire des
enfants du premier lit ; on ne comprendrait pas, qu'à quelques articles
de distance, qui ont trait absolument aux mêmes questions, on se
soit servi d'expressions ayant le même sens, en leur appliquant un
sens différent. Le mot héritage s'employait souvent comme synonyme

il faut entendre, non seulement les choses qui, par leur nature propre, sont immobilières, mais encore tous les droits immobiliers. Au sujet des terres, maisons et autres immeubles par nature, la question ne présentait aucune difficulté ; au contraire, pour les rentes et les offices, qui sont aussi des immeubles, (1) il semble qu'il y en ait eu quelques-unes,

Les rentes foncières qui, sous l'ancien droit, étaient issues de la convention appelée bail à rente, étaient bien des immeubles. Le droit à la somme d'argent ou à la redevance versée chaque année au bailleur par le preneur, comme prix de l'immeuble que le bailleur lui avait cédé, était considéré comme un droit immobilier, bien que la somme d'argent ou la redevance qui était payée, fut purement mobilière. La rente constituait un véritable droit sur l'immeuble, et cela, à cause de l'impossibilité où était le preneur de se soustraire au paiement des arrérages en remboursant le capital de la rente. Les rentes constituées (2) étaient rachetables depuis

d'immeuble ; les effets mobiliers étaient réputés avoir si peu de valeur, qu'on ne supposait même pas qu'ils puissent entrer en ligne de compte dans les successions. Ajoutons de plus que les coutumes notoires de Jean des Maré, qui furent une des sources les plus précieuses auxquelles puisèrent les rédacteurs des coutumes, se servent de deux mots : « tous les biens immobiliers et les héritages ». C'est donc bien sur les immeubles du mari que se devait prendre le douaire des enfants.

(1) En ce sens Bourjon : *Droit commun de la France*, livre II, des biens, titre I, chapitre i.

(2) La constitution de rente, sous l'ancien droit, était une vente. La rente représentait la chose vendue; le prix, c'était le capital abandonné par l'acheteur. Celui qui payait la rente, c'était le vendeur; le rentier, au contraire, c'était l'acheteur. En général, comme sûreté

le fameux arrêt du Parlement du 10 mai 1557 ; elles furent cependant réputées immeubles (1), dans la plupart des coutumes, et, comme telles, elles étaient affectées au douaire des enfants. C'est du moins l'avis des auteurs. Renusson (2) nous apprend qu'elles avaient cette qualité d'immeuble à peu près partout, et rappelle, qu'à son époque, elles étaient reçues et réglées comme telles en France, et autorisées par nos mœurs ; aussi, ajoute-t-il, le douaire s'y doit prendre, car, il arrive souvent que des particuliers n'ont d'autres immeubles que des rentes

pour le paiement de la rente, le vendeur affectait l'un ou l'autre de ses biens, de sorte qu'il y avait en somme une grande analogie avec les rentes foncières et c'est de là qu'est venu le caractère immobilier des rentes constituées. Les rentes n'étaient pas non plus rachetables. En effet, la vente, qui les faisait naître, conférait à l'acheteur un droit irrévocable, on en concluait que les fonds sur lesquels les rentes étaient assises et assignées, étaient en quelque sorte aliénés ; la propriété de ces biens, en effet, était diminuée de valeur ; et on concluait que les rentes tenaient lieu et place des fonds qu'elles représentaient, et, on leur attribuait ainsi un caractère immobilier. La seule différence avec les rentes foncières, c'est que chez celles-ci, la propriété du fond était absolument transférée, tandis que pour les rentes constituées, il n'y avait pas translation ou tradition, mais la propriété du fonds était seulement soumise au paiement de la rente. Tel n'était pas l'avis de Dumoulin ; il admettait, au contraire, que les rentes constituées ne faisaient pas partie des fonds sur lesquels elles étaient assises ; qu'elles ne diminuaient pas la valeur de ces fonds. Cette doctrine fut consacrée par l'arrêt du 10 mai 1557. Les rentes ne furent plus réputées des droits réels dus par les fonds, mais bien par les personnes ; on pouvait affecter un fonds pour sûreté du paiement de la rente ; mais, ce n'était plus la qualité immobilière du fond qui était surtout en évidence. Le déguerpissement n'était plus possible pour se soustraire au paiement ; de même aussi, les rentes furent déclarées rachetables, elles restèrent cependant immobilières.

(1) Voir Guy Rousseau de la Combe, verbo: Douaire, sect. ii, § 2.
(2) Chapitre iii, n°⁸ 51 et 52.

constituées à prix d'argent, et que, si elles n'étaient
pas sujettes au douaire, il y aurait des cas où les
enfants seraient privés du douaire. Bourjon (1) et
Ferrière (2) sont aussi de cet avis. Bacquet déclare
qu'il en est ainsi non seulement pour les rentes
constituées sur l'Hôtel de Ville de Paris, mais pour
toutes les rentes du mari.

La rente constituée, nous le savons, était rache-
table ; elle pouvait ne pas être rachetée par le
débiteur durant le mariage, et dans ce cas tout était
bien. Mais, le débiteur de la rente pouvait faire le
remboursement. Qu'arrivait-il alors ? L'article 94 de
la coutume de Paris déclare « qu'au cas où les rentes
constituées, qui appartiennent aux mineurs, sont
rachetées pendant leur minorité, les deniers de
rachat, ou le remploy d'iceux à rentes et héritages,
sont censés de même nature et qualités d'immeubles
qu'étaient les rentes ainsi rachetées. » C'est très bien
quand les enfants sont encore mineurs ; les effets de
la subrogation se font sentir : « subrogatum capit
naturam subrogati. » Mais, si, au jour du paiement
du capital de la rente, les enfants sont majeurs,
l'article 94 de la coutume de Paris ne peut plus être
applicable. Il se trouverait donc des biens, immobiliers par nature, qui, par le fait du remboursement,
auraient perdu leur qualité d'immobiliers, et, après
avoir formé le droit de douaire, encore incertain, n'en
feraient plus partie par la suite. Un douairier pouvait

(1) Bourjon, titre 13, ch. vi, sect. i. Distinct. 3.
(2) Ferrière, sur l'art. 248 de Paris. Glose I. § 18 et 19.

donc être privé de son douaire par le fait des tiers.
Ces conséquences sont celles qui découlent des principes admis dans l'article 94 ; il ne semble pas que
ce doive être la doctrine des auteurs.

Tous admettent que le débiteur de la rente (1)
peut rembourser cette rente au créancier, sans que
ce débiteur se mette dans le cas d'être poursuivi
plus tard par la veuve et les enfants. En effet, comme
le dit Bourjon (2), la faculté de remboursement est
le droit strict du débiteur, c'est l'essence même des
rentes constituées ; et, le fait qu'un douaire est établi
sur ces rentes ne peut pas affaiblir cette faculté.
Mais, où les auteurs se séparent, c'est au sujet
des conséquences du remboursement. Bacquet (3)
déclare « qu'au cas de rachat, le douaire cesse, et
lesdites rentes, qui pendant leur cours étaient
immeubles, le rachat fait d'icelles, sont ameublies et
à deniers. » Cette phrase lui vaut les foudres de
Duplessis (4), de Bourjon (5) et de Ferrière (6). Ces
auteurs, qui, d'ailleurs, semblent avoir raison, paraissent ne pas avoir lu la suite de la doctrine de
Bacquet, sans quoi, ils se fussent accordés avec lui.
En effet, au paragraphe 41 du même titre xv, il
admet que si les deniers provenant du rachat des

----

(1) Guy Rousseau de la Combe, *Recueil d'arrêts*, « verbo : Douaire »,
section II, § 17.
(2) Bourjon, titre XIII, chap. VI, sect. I, dist. 3.
(3) Bacquet, *Droits de justice*, chap. XV, n° 40.
(4) Duplessis, *Titre des douaires*, chap. II, sect. I, titre IX, observ. 1.
(5) Bourjon, titre XIII, chap. VI, sect. I, dist. 3.
(6) Ferrière, t. III, p. 719.

rentes ont été remployés en autres rentes qui sont de
nature identique, qui ont cette même nature de
propre pour le mari, que celles qui avaient été rem-
boursées, ces rentes seront sujettes au douaire,
comme subrogées, au lieu des rentes rachetées ; et, il
ajoute qu'il est admis, en droit commun que le
douaire se prend non seulement sur les héritages ou
les rentes qu'avait le mari au jour du mariage, mais
sur les deniers provenant de la vente des héritages
ou le remboursement des rentes ; car, le droit est
acquis aux enfants dès le jour du mariage, il ne peut
pas être éteint sans leur fait.

Bien que le résultat auquel on arrive avec la
doctrine de Bacquet soit le même qu'on peut
atteindre avec celle de Duplessis et de Bourjon, cette
dernière semble devoir plutôt être admise. Bourjon
part également du principe : qu'un droit acquis au
jour du mariage ne peut être changé au cours du
mariage ; que le remboursement de la rente affaiblirait le douaire des enfants ; qu'il leur est donc dû
une indemnité ; car, un fait postérieur à leur droit,
et auquel ils n'ont pris aucune part, ne leur peut
causer aucun préjudice. Mais, au lieu d'admettre le
principe de la subrogation, il préfère celui de l'indemnité, qui est beaucoup plus simple. En effet, les
textes n'indiquent nulle part que cette subrogation
doive avoir lieu ; l'article 94 (1) de la coutume de
Paris semble même plutôt l'exclure, hors le cas de

(1) Bourdot de Richebourg, t. III, p. 379.

minorité des enfants. Le principe de l'indemnité (1)
répare beaucoup mieux le préjudice ; il est tout aussi
équitable et présente sur l'autre, cet avantage, qu'il
n'est pas contraire aux textes.

Ce fut, d'ailleurs, l'avis de la jurisprudence ;
Bourjon cite deux arrêts qui accordent aux enfants
une indemnité sur les autres biens de la succession,
avec hypothèque du jour du mariage.

A côté des rentes, il existait une autre catégorie
d'immeubles sur lesquels on discutait pour savoir
s'ils étaient sujets au douaire des enfants : c'étaient
les offices. Les offices se divisaient en trois groupes :
les offices domaniaux, qui étaient sujets à rente, les
offices de finances et de judicature, et les offices de
la maison du roi (2).

Pour ces derniers, on était d'accord pour n'accorder
sur eux aucun douaire ; en effet, suivant l'expression
de Ferrière, ce ne sont pas là de vrais immeubles,
mais de simples êtres de raison, qui étaient pourtant
réputés immeubles par fiction, à cause de la dignité
de la fonction, et l'importance du prix ; mais, les
deniers qui provenaient de la vente de ces offices
étaient distribués comme meubles. Les offices domaniaux, au contraire, étaient de véritables immeubles ;
ils rapportaient un revenu, étaient sujets à revente ;
« ce qui fait connaître, dit Renusson, que ce sont
des choses domaniales comme le domaine du roi et

---

(1) Guy Rousseau de la Combe, *Arrêts*, « verbo : Douaire, »
sect. II, § 17.

(2) Renusson. *Du Douaire*, ch. III, § 53-57. 74 et 75.

comme les rentes sur le roi. » Aussi, tout le monde était d'accord pour reconnaître, qu'en tous les cas, ils étaient sujets au douaire des enfants. Bourjon (1) les déclare également immeubles avec tous les droits et les qualités attachés aux immeubles. Ferrière ne discute même plus la question pour ces offices, « qui entrent eux-mêmes en succession, qui ne vaquent nullement par mort et pour lesquels les héritiers n'ont pas besoin de nouvelle provision du roy ». Ce sont des droits immobiliers, qui n'ont plus d'office que le nom.

Mais, pour tous les autres offices, il semble qu'on n'a pas mal discuté. Duplessis déclare qu'autrefois, ils étaient tous sujets au douaire des enfants, et rapporte à cet effet un arrêt du 27 juin 1598 (2). Mais, depuis, ajoute-t-il, il n'en est plus ainsi ; le douaire n'est accordé sur les offices que subsidiairement, au cas où il n'y a pas d'autres biens immobiliers, sur lesquels il se puisse prendre, et Duplessis, comme Renusson et Ferrière, nous apportent des arrêts qui témoignent en faveur de leurs allégations (3). Il importe pourtant de noter que ces arrêts, les premiers du moins, se rapportent surtout au douaire des femmes. Tous ces auteurs citent encore

(1) Bourjon. Titre 13, chap. VI, sect. 1, dist. 4.

(2) Cet arrêt est cité par Loyseau, *Traité des Offices*, titre 3, ch. 9, n° 74, et, rapporté par presque tous les auteurs. Voir Leprestre Centurie, 3, ch. LXXII.—Un arrêt dans le même sens du 24 mars 1634.

(3) Laurent Jovet. Jurisprudence du palais réduite en maximes. — Sur la maxime 181. Page 213. Et Guy Rousseaud de la Combe. Centurie, 3, ch. LXXII.

Voir également un arrêt rapporté par Soève, Centurie, 4, chap. XXXIV, du 19 fév. 1669.

un arrêt du 21 mai 1637, qui a trait principalement aux enfants, et qui leur accorde, et tous cas, leur douaire sur tous les offices de leur père. On prétend que cet arrêt est un arrêt d'espèce ; c'est possible ; pourtant Louet (1), qui le commente, déclare que « pour les enfants il ne faut pas considérer s'il y a des héritages et immeubles autres que l'office, que les enfants prennent leur douaire comme *dernière table de naufrage*, et qu'ils doivent le prendre, en tous les cas ; sinon il arriverait qu'il n'y aurait plus de douaire coutumier. »

On revint vite, cependant, à la jurisprudence de Duplessis. D'autres arrêts, plus nombreux confirmèrent cette idée que le douaire sur les offices n'a lieu que subsidiairement (2). Cette dernière doctrine est celle qui fut admise dans le dernier état du droit. Au point que Pothier (3) et Guyot semblent même ignorer la controverse qui s'était produite avant eux (4).

(1) Louet. Lettre D., 63, § 5.

(2) Ferrière, sur l'art. 258. Glose I, tome III, p. 714 et suiv. — Renusson, chap. III, § 53 à 58. — Voir aussi Pierre de l'Homeau, livre III titre du douaire, p. 241 et suiv.

(3) Pothier, *Traité du douaire*, 1re partie, art. 24.

(4) Le droit d'usufruit que le mari peut avoir sur un immeuble était bien un droit immobilier, il ne pouvait pourtant pas être sujet au douaire des enfants puisqu'il ne s'ouvrait pour eux qu'à la mort de leur père, et qu'à ce moment, ce droit s'éteint à tous égards. Il en serait autrement, si, tout en appartenant au mari, le droit d'usufruit existait sur la tête d'un tiers. Il faut, en dire autant des rentes ; ce sont des immeubles, mais, elles ne peuvent être sujettes au douaire que si elles existent sur la tête d'un tiers ; sinon la mort du mari, qui viendrait créer le droit des enfants, l'anéantirait en même temps. Quant au droit de nue-propriété, c'est un droit immobilier, qui n'est pas viager, comme celui d'usufruit, et qui, par conséquent, est sujet au douaire. Duplessis, t. I, p. 240, 2e observation.

Nous connaissons ainsi ce que la coutume entendait sous le mot héritage ; il faut actuellement rechercher quels étaient les héritages qu'elle soumettait au douaire. Ce sont d'après l'article 248 « ceux que le mari tient et possède au jour des épousailles. »

Il s'agit ici, cela ressort des termes employés par la coutume, d'une propriété sérieuse (1). N'étaient donc pas sujets au douaire les immeubles dont le père était simplement locataire ; son titre précaire s'opposait à la propriété ; il faut en dire autant des biens, qu'un débiteur confie à son créancier, pour les garder en gage jusqu'au paiement complet de la dette, en imputant pour ce paiement les revenus du gage. La propriété du domaine utile était un titre suffisant, pour que les biens sur lesquels elle s'exerçait, fussent sujets au douaire (2). Il faut dire la même chose des biens que le mari possède à titre de bail emphytéotique, en effet en vertu de l'article 248 ; il semble résulter que tant que durera le bail, les enfants auront le droit de jouir de l'immeuble loué par leur auteur (3).

(1) Les enfants n'avaient pas à prouver la propriété de leur père ; le seul fait que celui-ci est en possession des héritages au jour de son mariage est une présomption suffisante en faveur de sa propriété.

(2) Cela se comprend, le domaine direct ne consistait qu'en des prestations et des redevances dues par le concessionnaire, et dans l'espérance de reprendre un jour le domaine utile, mais, il était dépouillé de tous les attributs qui forment l'utilité immédiate de la propriété. Le te rancier qui a le domaine utile, au contraire, a tous les attributs de la propriété, il jouit des fruits, de la possession, etc.

(3) Renusson, ch. iii, § 11.

Ferrière (sur 248, Glose I, § 20) ne discute même plus la question pour les baux emphytéotiques, mais, il se demande, s'il doit en être ainsi, même pour les *étaux*, *boutiques*, *places publiques*, *loges*, etc.,

Des expressions dont s'est servi l'article 248 « tient au jour des épousailles », il résulte qu'il ne rentre dans le douaire coutumier que des biens réputés propres au mari. Qu'arrivait-il, lorsque par une clause quelconque du contrat de mariage, ces biens étaient ameublis ? Les auteurs sont unanimes pour accorder aux enfants leur douaire sur cette catégorie de biens. Les clauses d'ameublissement et inversement de réalisation étaient étrangères aux enfants. Ce n'est qu'aux points de vue spéciaux de la convention qu'existait l'immobilisation ou l'ameublissement ; et ces points de vue ne sont que celui de la communauté, pour en exclure ces biens, et celui de la succession des enfants à naître du mariage, pour empêcher la femme de leur succéder ; il ne s'agit nullement du douaire (1).

pour lesquels, à son dire, le roi ne faisait que des baux de neuf années ; il ne s'agit là que de simples droits mobiliers non susceptibles d'hypothèque ; car, les baux sont de simples jouissances, qui ne sauraient transférer la propriété des choses. On considère déjà l'usufruit comme un meuble, *à fortiori* un bail de neuf années. Cependant, dit-il, on a prétendu que ces baux étaient sujets à douaire. On se basait sur l'analogie, qu'il y a avec les immeubles au sujet de la saisie réelle et du décret, qui étaient les moyens nécessaires pour déposséder ces possesseurs ; de plus, leur simple droit de jouissance pouvait être hypothéqué ; enfin, et c'est plutôt de ce dernier point de vue, à notre avis, que découlaient toutes les autres conséquences, au renouvellement de ces baux, les précédents détenteurs étaient toujours préférés aux nouveaux, de sorte, qu'en fait, il y avait une jouissance quasi perpétuelle, qu'on avait fini par considérer comme une sorte de propriété.

Voir les arrêts rapportés par Ferrière et cités dans Bélut, « *Traité des boutiques du Palais* ». Ce n'était pas l'avis de Dumoulin, mais celui de la jurisprudence.

(1) Pothier. *Du Douaire.* 1ʳᵉ partie, art. 26 et ch. ii, § 29.

Voir aussi Le Brun. Livre II, ch. v, sect. 1, dist. 1, § 22. — Bourjon,

La coutume parle des biens que le mari possédait
au jour des épousailles ; il ne s'en suivait pas qu'il
fallait nécessairement, qu'à cette époque, le mari eût
la possession réelle de l'objet, sur lequel devait
s'exercer le douaire, pour que cet objet y fut soumis.
Il suffisait qu'au jour du mariage, le mari fut déjà
en possession du droit, en vertu duquel il deviendra
propriétaire (1). Nous sommes en présence d'un
titre en vertu duquel le mari entrera en possession
d'un immeuble ; comme tel, il constitue un titre
immobilier, qui doit faire partie du douaire des enfants, comme doit en faire partie l'héritage dont on
acquerra plus tard la propriété en vertu de ce titre.
Si la possession réelle de l'objet n'était pas nécessaire, il ne fallait pas non plus, qu'au jour du
mariage, le droit fut absolument formé. Un droit,
qui n'était que conditionnel, à cette époque, rentrait
cependant dans le douaire coutumier, si, durant le
mariage, il devenait réel et certain ; il était censé
avoir toujours appartenu à celui qui l'exerçait, lui
avoir donc appartenu au jour du mariage, et, par-
tant, être sujet au douaire. Pothier nous donne un
exemple : un individu fait une donation d'immeuble,
il se marie ; dès ce moment il a un droit incertain,
conditionnel sur le bien qu'il a donné ; en effet, par
le fait de son mariage, une condition de révocation
des donations pourra se produire : la survenance

titre 13, ch. vi, sect. 1, dist. 5. — Ferrière, tome III. Sur l'art. 248.
Glose I, § 7.

(1) En ce sens Ferrière, sur 248. Glose I, § 8, tome III, p. 708.

d'enfants ; il a donc, en puissance, au jour du mariage, un droit incertain, conditionnel ; ce droit, s'il survient des enfants, se réalisera, et l'héritage, auquel ce droit servait de titre, sera sujet au douaire.

Quelle était la situation lorsque le père, au jour du mariage, était propriétaire indivis de certains héritages ? Ou bien, l'indivision ne cessait pas durant la vie du père, et, à son décès, les enfants avaient pour douaire un droit indivis sur une certaine catégorie de biens ; ou bien il se produisait un partage, une licitation ou tout autre acte qui mettait fin à l'indivision. Déjà, à cette époque, le partage était déclaratif de droits ; la jurisprudence, au moyen de l'effet rétroactif, réputait le mari avoir été toujours propriétaire de l'héritage, qui venait dans son lot, sans avoir jamais eu de droit sur les autres héritages précédemment indivis.

La vente à réméré et le retrait nous fournissent deux conséquences nouvelles du principe que nous avons émis plus haut : qu'il suffit d'avoir un droit en puissance au jour du mariage, pour que le douaire s'exerce sur les héritages qu'on acquerra en vertu de ce droit. Celui qui, avant son mariage, a vendu un immeuble avec faculté de rachat, pendant un certain nombre d'années, a, cependant, toujours un droit sur cet immeuble ; s'il exerce ce droit, l'immeuble rentrera dans son patrimoine en vertu d'une cause antérieure au mariage ; il prend la qualité qu'il aurait eue s'il n'en était jamais sorti, il est acquis dès ce jour (1). Les immeubles, qui ont souffert la vente à réméré ou qui ont subi le retrait, ne pourront naturellement plus être sujets au douaire des enfants de l'acheteur à réméré ou du rétrayé. Mais, ces enfants ont droit, sur le prix d'achat ou de retrait, à une indemnité égale à ce qui aurait été leur douaire, s'ils avaient pu l'exercer utilement. C'est l'avis de Ferrière (2) et de Bacquet. C'est aussi celui de la jurisprudence suivant un arrêt du 19 février 1669 (3).

Ce n'étaient pas seulement les immeubles possédés par le mari au jour du mariage, qui constituaient le douaire des enfants, il fallait encore y ajouter « ceux qui échéent et adviennent au mari en ligne directe, depuis la consommation dudit mariage et pendant iceluy. » Il semble, au premier abord, étant donnée la généralité des termes employés par la coutume, qu'il fallait faire rentrer dans le douaire des enfants tous les biens immobiliers, qui arrivaient à leur père par succession directe, qu'il s'agisse de succession ascendante ou de succession descendante. La question a été controversée. Nous trouvons au Journal du Palais un arrêt de Paris du 31 juillet 1675, qui nous indique la discussion et nous donne la solution (4).

(1) Voir pourtant Bourjon, chap. VI, sect. I, dist. I, et Pothier, *Des douaires*, Ire partie art. 34.
(2) T. III, p. 704, sur l'article 248, Glose I, § 4. — Bacquet, *Droits de justice* XV, 43.
(3) Soève, Centurie IV, chap. 34.
(4) Arrêt de la deuxième chambre des enquêtes, *Journal du Palais*, t. I, p. 691 à 695. Cet arrêt, cité par Brodeau sur Louet. Lettre D., n° 44, t. I, p. 487.

Le Chatelet avait jugé que, sous une apparence de généralité, les termes de la coutume ne s'appliquaient pourtant qu'aux successions ascendantes échues au mari pendant le mariage. Les défendeurs, ayant perdu leur procès, faisaient appel, et déclaraient que la coutume avait intentionnellement parlé en termes généraux ; que ces termes étaient formels, qu'il n'y était pas dit autre chose « qu'en ligne directe, » que ces mots comprenaient la ligne ascendante, comme la ligne descendante ; que si on voulait exprimer cette généralité, on ne saurait même pas employer d'autres expressions que celles dont s'est servie la coutume ; qu'il n'y avait pas lieu, enfin, de s'éclairer, pour interpréter ce texte, de ce que disent les coutumes voisines, qui se sont expliquées à ce sujet, et la majorité des autres coutumes, quand le texte par lui-même est clair et ne prête pas au doute.

Les intimés, au contraire, exposèrent à la Cour que le douaire pour les enfants est, en quelque sorte, le résultat d'un contrat ; qu'il ne s'ouvre, sans doute, qu'au décès du mari, mais, que la dette, qui découle de ce contrat, a pris naissance au jour même du mariage. Cette créance des enfants ne devrait normalement pas s'étendre au-delà des biens que le père possédait au jour du mariage, c'est-à-dire, qu'elle devrait dater du jour, où elle se forme et où elle est née. Les biens à venir ne devraient pas augmenter cette créance ; car, s'ils sont le résultat d'acquisitions du père, faites à titre onéreux, ils doivent rester dans le commerce, être libres aux mains du père, qui les augmentera ou les diminuera à son gré ; s'ils surviennent par succesion, on n'y a, en principe, aucun droit au jour du mariage, car les successions sont incertaines, et, il n'est pas permis de compter sur les biens qui en font partie. Il est admis, cependant, que dans quelques successions dont l'échéance est à peu près certaine, on répute, comme biens présents, les biens qui les composent ; il semble qu'on puisse déjà les considérer comme une réalité existante ; telles sont les successions des ascendants. Les liens du sang, et le cours normal des événements permettent de les réputer échues avant qu'elle le soient.

Aussi, la coutume a voulu que le douaire, qui est la base de la subsistance des familles, se put établir, non seulement sur les biens présents du mari, mais encore sur ceux qu'on peut dès maintenant réputer comme une espérance légitime, et à peu près infaillible. Le douaire a pour but d'établir une sorte de légitime pour les enfants ; une table de naufrage qui leur permette de vivre honnêtement, il faut, pour créer cette légitime supposer le prédécès du père. Comment pourrait-on, avec les principes, qui étaient ceux des réformateurs de la coutume, faire rentrer dans le douaire des enfants, d'autres biens que ceux échus en ligne directe ascendante (1) ; les biens des enfants n'ont absolument rien d'assuré pour le père ; on n'a jamais considéré un père comme l'héritier normal

______

(1) Brodeau sur Louet. Lettre D. ch. XLIV, p. 487, rapporte le même arrêt,

et presque certain de ses enfants. « Tout ce qui peut arriver aux parents par suite d'un ordre renversé de la nature, *turbato mortalitatis ordine*, et qu'ils ne recueillent pas sans accuser leur malheur et se plaindre de leur infortune » ne doit pas rentrer dans le douaire des enfants.

Aucune coutume, d'ailleurs, ne saurait admettre un semblable principe ; quelques régions ont tranché la question dans les textes, et tous sont en faveur de notre théorie (1) ; il faut donc s'éclairer des règles que nous trouvons ailleurs et qui s'allient si bien aux principes généraux. Disons enfin, que les expressions « en ligne directe » employées par la coutume, ne le sont pas toujours dans le sens général et absolu de ligne ascendante et descendante (2). Ces raisons parurent sans doute valables et convaincantes à la Cour, car, elle mit l'appel à néant.

Bacquet (3) nous cite un autre arrêt, dans le mêms sens, du 24 janvier 1578, ce qui tendrait à prouver que c'était là une ancienne jurisprudence. De leur côté, les auteurs l'approuvent tous, et les commentaires ne varient pas à ce sujet (4). Par conséquent, ne feront jamais partie du douaire des enfants, les biens immobiliers que le père recueillerait dans la succession d'autres de ses enfants prédécédés. Un enfant peut avoir des immeubles

____

(1) Normandie 236. Amiens 112. Sens 161. Chartres 52.

(2) Tels par exemple les articles 319 et 249.

(3) Bacquet. *Droits de Justice* XV, § 39.

(4) Bacquet *Ibidem*. — Duplessis, chap. ii, sèct. I, observation 4. — Renusson, ch. iii, § 18-19. — Ferrière sur 248, Glose III, § 9.

propres à lui, qui ne regardent nullement son père ;
s'il meurt, le père va succéder, en partie du moins,
à ces immeubles ; mais, ces biens n'auront pas qualité de propres pour le père ; ce ne sont que des acquets
sur lesquels il n'y aura aucun droit de douaire (1).

La généralité des expressions employées par la
coutume « escheent et adviennent » a fait entendre
sous l'article 248, non seulement les biens venus par
succession en ligne directe ascendante, mais encore
les héritages échus par donations entre vifs ou
testamentaires faites par les père, mère et autres
ascendants (2). En effet, ce qui est ainsi donné, est
considéré, comme un « avancement de succession »
ou comme devant « tenir lieu de succession » ; c'est
un titre successoral anticipé ; ces biens doivent, par
conséquent, être sujets au douaire, comme les biens
de succession ascendante. Mais, il faut qu'il s'agisse
uniquement de donations faites par les ascendants
et non par des collatéraux.

L'article 248 ajoute « depuis la consommation du
mariage, et pendant iceluy. » On s'est demandé, en
présence de ces termes de la coutume, s'il fallait
donner aux enfants leur douaire dans les successions échues, en ligne directe ascendante, au père,
après le décès de la mère, c'est-à-dire à une époque
où le mariage n'existe plus (3). La question était

<hr>

(1) Renusson, ch. III, § 18 et 19.
(2) Ferrière, tome III, p. 733. Sur l'art. 248. Glose I, § 1.
(3) *La Coutume de Nivernais* s'est expliquée sur la question; elle
emploie les mots « jusqu'à son trépas. » Voir Guy Coquille. — *Cout.
du Nivernais*, tome II, p. 245, art. 1.

controversée; nous avons un arrêt rapporté par
Leprestre, cité par Duplessis, Bourjon et Ferrière,
du 12 mars 1607, qui donne aux enfants d'un sieur
de la Bruyère, un douaire coutumier sur les héritages
échus au mari en ligne directe, même depuis la
dissolution du mariage (1). Mais tous les auteurs, et
Leprestre, lui-même trouvent cet arrêt étrange;
aucun ne semble approuver cette jurisprudence qui
ne fut pas suivie (2).

Le texte de la coutume, s'oppose à une semblable interprétation; et, l'article 248 est corroboré
par l'article 253, qui règle le douaire des enfants
du second lit; il y met la moitié des héritages
échus en ligne directe pendant le second mariage;
or, ces biens ne pourraient pas former le douaire
des enfants du second lit, si les enfants du premier
lit avaient un droit certain sur ces mêmes biens dès
le jour du mariage de leurs parents. De même aussi,
le douaire des enfants ne pouvait pas être augmenté
après qu'il était ouvert; tel qu'il existe au décès du
père, tel il doit rester. C'est là une conséquence
naturelle des principes admis. Aussi, si un homme
meurt avant ses ascendants, les biens de ces

(1) Leprestre. Centurie, 3, ch. LXXII, p. 658. — Duplessis, tome I,
chap. II, sect. 1. 8ᵉ observation. — Bourjon, p. 728, dist. 6. — Ferrière,
sur 348. Glose, 3, § 8. — Guy Rousseau de la Combe, p. 247, sect. 2,
§ 3. — L'arrêt de 1607 est rapporté aussi par Charondas le Caron
« Résolution de questions célébres et illustres », 3ᵒ partie, tome IX,
p. 41.

(2) « Cet arrêt ayant eu pour motif la simple commisération des enfants, à qui on a voulu donner une table de naufrage, qu'on a fait
la plus ample possible. »

derniers sont affranchis du douaire coutumier, tant pour la veuve que pour les enfants. Solution rigoureuse, peut-être, mais cependant juridique et conforme aux principes (1).

Remarquons, en passant, qu'une renonciation frauduleuse du mari à une succession directe n'affaiblirait pas le douaire ; la fraude donnerait lieu à une indemnité pour la veuve et les enfants sur la succession du mari (2). Ce serait la même chose, si le mari avait frauduleusement fait composer son lot d'objets mobiliers dans la succession paternelle (3).

Ce n'était que la moitié de tous les immeubles dont nous avons parlé, qui était attribuée aux enfants pour former leur douaire coutumier. Renusson, sur cette question, nous donne de précieuses indications : fallait-il entendre sur ce mot, la moitié de chaque corps d'héritage, ou la moitié de la totalité ? La situation varie suivant qu'on se range à l'une ou l'autre interprétation. Si on comprend que la moitié de chaque bien doit être promise au douairier, tous les biens du mari seront immobilisés, puisqu'il ne peut plus disposer que de la moitié de chacun d'eux ; si, au contraire, le douairier ne peut disposer que de la moitié de la totalité des biens, il n'y a qu'une moitié de la fortune immobilière du

(1) Bourjon, p. 725, ch. vi, titre 13, sect. 1, dist. 6.
Duplessis, tome II, ch. ii, sect. 1. 7ᵉ observation.
(2) Ferrière, tome III, p. 735, § 6.
(3) Bourjon. Page 725, ch. vi titre 13, dist. 6, sect. 1.

mari qui soit indisponible. Il est incontestable que cette seconde interprétation était de beaucoup plus favorable pour un homme qui se mariait. Avec l'autre principe, le mariage devait aboutir à une espèce d'interdiction pour le mari ; quoique le douaire ne soit ouvert qu'à son décès, et qu'il ne se produise utilement, que si la femme et les enfants lui survivent, un mari se trouverait, cependant, sa vie durant, et malgré une telle incertitude, dans l'impossibilité de disposer à son gré, d'une seule parcelle de ses biens.

Aussi, est-ce la deuxième interprétation (1) qui fut adoptée. Quelques coutumes s'étaient exprimées formellement en ce sens, ce qui est tout à fait rationnel. Qu'a voulu, en effet, l'article 248? Que les enfants aient une part des biens du mari, et non pas indisponibiliser les biens de ce dernier; il suffira donc que la femme et les enfants trouvent, au décès du père, une part allant jusqu'à concurence de la moitié de ses héritages. On ne pouvait donc pas troubler un acquéreur d'immeubles aliénés, si les autres biens du mari suffisaient au douaire, qui est la moitié des immeubles. On estimera donc les biens immobiliers au décès du père, on examinera si ceux qui restent sont suffisants, et valent la moitié des héritages qui ont appartenu au mari au jour et durant son mariage et qui sont sujets à douaire. Par réciprocité, les enfants pouvaient refuser aux

(1) Voir cependant les observations de M⁰ X. à la suite de l'introduction du titre 11, dans Ferrière, tome III, p. 665. Observ. 6.

héritiers de leur père la part de douaire qu'ils leur offraient, si ce douaire était assis sur la moitié de chaque immeuble.

ARTICLE 2. — *De quoi se compose activement le douaire préfix ?*

Le douaire préfix, était, nous le savons, le résultat d'une convention, du contrat de mariage fait par les époux. Avant leur union, les époux stipulaient, en leur faveur réciproque, tels ou tels avantages qu'il leur convenait. Le douaire préfix était un de ces avantages.

En vertu de l'article 248 de la coutume de Paris, il était, comme le douaire coutumier, propre aux enfants. La liberté la plus absolue a toujours été le principe fondamental des contrats de mariage, aussi, la plus grande variété a-t-elle toujours existé dans ces contrats. Le douaire préfix, établi au contrat de mariage, en faveur des enfants, pouvait donc leur attribuer une portion quelconque des biens de leur père. Cette portion, elle pouvait être prise sur la généralité des biens du mari, ou sur telle catégorie de biens, tantôt ce sera un immeuble, tantôt une rente. Le douaire préfix pouvait aussi parfaitement être composé d'objets mobiliers ; il ne faudrait pas croire que les mots « propre héritage » s'opposent à cette interprétation. La qualité mobilière ou immobilière d'un bien n'était pas modifiée parce que ce bien était sujet au douaire et devenait propre héritage aux enfants.

Le douaire préfix consistait très souvent en une somme d'argent. Ce pouvait être une somme déterminée « *de tant de deniers à une fois payer* » ou une somme de « *tant en usufruit* ». Quand le douaire se composait « de deniers à une fois payer » la propriété de ces deniers appartenait à la femme, sa vie durant, du jour où le douaire s'était ouvert en sa faveur par le décès du mari ; mais, dès ce jour, également, la femme était obligée vis-à-vis de ses enfants pour cette même somme ; elle devait la leur rendre après sa mort. Elle était dans la même situation qu'un père, quand ses biens sont grevés de douaire coutumier, en faveur de ses enfants ; il est propriétaire et maître de ces biens, mais il ne peut les vendre, aliéner, engager, etc.

Qu'arrivait-il quand le contrat portait la clause « *sans retour ou en propriété en faveur de la femme* », les enfants étaient-ils exclus par cela même du douaire ? Il semble a priori qu'il faudrait les exclure : la propriété est ici nettement attribuée à la femme, en vertu de la convention : les enfants n'ont rien à prétendre (1). Cependant, la faveur du douaire était telle que la jurisprudence interprétait cette convention favorablement aux enfants. On supposait, qu'en agissant ainsi, les parties n'avaient pas voulu priver les enfants de leur douaire, et, qu'en donnant la propriété à la femme, elles n'avaient vu que le cas où, les enfants mourant avant leur mère, il n'y aurait pas lieu au douaire.

(1) En ce sens Duplessis, t. II, ch. iii, sect. I.

Pothier et Guyot font remarquer que l'expression
« le douaire de la mère sera de tant en usufruit » dont
parlent tous les auteurs, et qui devait être une
formule courante, ne doit pas s'interpréter au détriment des enfants ; ils ont droit au douaire, et le
douaire consiste pour eux dans la propriété des
biens dont leur mère a l'usufruit. Ce que les parties
ont voulu dire, c'est que la femme n'aura pour son
douaire que l'usufruit de cette somme, mais elles
n'ont pas entendu priver les enfants de la propriété.

Quand le douaire préfix consistait en une rente
établie par le mari en faveur de la femme, la propriété de la rente formait le douaire des enfants.
Cette rente a une double qualité : viagère pour les
femmes, elle est perpétuelle pour les enfants, qui
sont créanciers de la succession d'une rente annuelle
de tant. Le rachat de cette rente pouvait être stipulé
au contrat. C'était alors aux termes de ce contrat qu'il
fallait se rapporter pour l'interprétation. Si le contrat
était muet, on était à peu près d'accord, pour
permettre le rachat, même du vivant de la mère
douairière (1).

_____

(1) Quand au taux auquel devait être fait ce rachat, était-ce celui
qu'avait la rente au jour du mariage, ou au jour du décès du
mari ? Il y avait intérêt à cause des variations possibles du taux.
Renusson (chap. IV, § 38) cite deux arrêts qui déclarent que c'est le
taux du jour du décès qu'il faut appliquer pour le rachat, car, c'est
alors que le douaire s'ouvre ; sans doute, il est acquis dès le jour
du mariage, mais, il est en suspens jusqu'au décès du père. Pothier
semble incliner en faveur de l'opinion contraire qui veut que ce
soit au jour du contrat qu'on considère le taux du rachat ; car,
c'est à ce jour, et par ce contrat, que la rente a été constituée ; la

Article 3. — *Charges et dettes qui diminuent le douaire. Effets des augmentations ou des amoindrissements survenus aux immeubles sujets à douaire.*

Nous venons de voir de quoi se compose, au point de vue actif, le douaire coutumier ou préfix des enfants ; il importe, pour connaître la consistance exacte du douaire, de rechercher les charges réelles et les dettes qui le diminuent, et de savoir quel était l'effet des augmentations et des amoindrissements survenus à l'héritage sujet à douaire depuis le jour du mariage jusqu'à celui du décès du père.

« Bona non intelliguntur, nisi deducto ære alieno ; » si favorable au douaire que pouvaient être les juristes de l'ancien droit, ils devaient, cependant, respecter ce principe de justice et d'équité, et par conséquent admettre que les héritages, sujets au douaire coutumier, passaient aux enfants douairiers avec toutes les charges réelles et foncières dont ils étaient grevés et qui étaient antérieures au mariage. Le douaire appartenait aux enfants dès le jour du mariage de leurs parents ; seules, donc, les charges, qui à ce jour diminuaient les biens sujets à douaire, devaient être prises en considération. Ces charges sont de véritables diminutions de fonds ; telles sont, par exemple, les servitudes ; telles étaient aussi les

clause de rachat était, en quelque sorte, sous-entendue au jour du contrat, elle n'en existait pas moins ; or, c'est au jour du contrat, qu'on est censé avoir contracté ; il faut donc admettre le taux du jour du contrat, pour le rachat.

Pothier cite un arrêt en ce sens, du 27 mars 1691. Voir au *Journal des audiences*, livre VI, chap. 19.

rentes foncières ; elles suivent l'héritage, qui est chargé de les acquitter, quelle que soit la personnalité de celui qui tient cet héritage, quel que soit aussi le titre en vertu duquel il le tient. Ce sont des charges réelles, elles doivent donc diminuer le douaire, à condition, toutefois, qu'elles aient une cause antérieure au mariage (1).

Pour ce qui est des rentes constituées, les auteurs remarquent qu'elles n'ont pas la même nature que les rentes foncières ; qu'elles ne font pas partie des fonds sur lesquels elles sont assises ; qu'elles ne diminuent pas la valeur de ces fonds, et cependant, elles entrent en ligne de compte pour diminuer le douaire des enfants. C'était justice. Ces rentes faisaient partie du douaire des enfants, quand elles étaient dues au patrimoine du père, il eut été contraire à l'équité qu'elles ne fussent pas payées par lui lorsqu'elles venaient le grever.

Les dettes mobilières du mari, contractées avant le mariage, pouvaient être de deux sortes (2) : soit de simples dettes, résultant d'une promesse ou d'un billet et que ne garantissaient pas des hypothèques ; soit, au contraire, des dettes provenant d'obligations notariées ou suivies de jugement entraînant hypothèques. Pour les premières, on décide sans difficulté qu'elles n'avaient aucun effet sur le douaire

____

(1) Duplessis, t. I, p. 243, observ. 10. — Bourjon, chap. vi, sect. ii, dist. ii, p. 725. — Le Brun, livre ii, chap. v, sect. ii, dist. ii, § 58. — Renusson, chap. 8, n° 8. — Ferrière, sur 258, Glose I, § 56.

(2) Renusson, Du douaire, ch. viii, § 16.

des enfants ; ce sont des dettes purement personnelles, qui résultent de faits personnels du débiteur ; elles n'ont rien à faire avec les immeubles de ce dernier. Ces dettes pouvaient engager les enfants s'ils avaient été héritiers de leur père ; elles ne pouvaient nulle-ment les engager quand ils avaient renoncé à la succession et s'étaient tenus au douaire (1).

Pour les secondes, l'opinion générale, dit Renusson (2), c'est que, même antérieures au mariage, elles ne diminuent pas non plus le douaire ; car, de même que les créances, droits et effets mobiliers actifs n'entrent pas en computation pour le douaire, de même aussi, le douaire ne doit pas souffrir de diminution à cause des dettes mobilières passives. Ces principes semblent équitables ; ils l'étaient sur-tout quant il se trouvait dans la succession du père, assez de meubles, et d'acquets pour indemniser les créanciers. Tout le monde était alors payé : créanciers et douairiers ; les uns sur les meubles et acquets, les autres sur les immeubles. Mais, si les dettes mobilières excédaient les effets mobiliers, et les acquets faits durant le mariage, si elles dépas-saient surtout la moitié de la fortune immobilière du père, comme les enfants avaient pour leur douaire l'autre moitié de cette fortune, les créanciers du père

(1) Bourjon déclare que les obligations et autres dettes mobilières contractées avant le mariage par le mari, ne diminuent pas le douaire ; ce sont des dettes et non pas des diminutions même de la chose. C'est dit-il, l'usage du Chatelet, il a sa raison dans l'esprit de la coutume, et c'est le droit commun.

(2) Renusson, ch. VIII, § 16, il cite Chopin et Auzanet.

se trouvaient frustrés, ils n'avaient presque plus rien. Aussi Renusson estime (1), qu'en ce cas, les créanciers, antérieurs au mariage, devaient être payés préférablement au douaire des enfants ; solution qui était conforme aux principes de l'article 250 de la coutume de Paris (2).

Ce qui a été dit des dettes mobilières ne s'appliquait pas aux dettes grevant les successions directes qui advenaient au mari durant le mariage, et qui augmentaient ce douaire. C'est, en effet, à la seule condition qu'il paie toutes les dettes qu'elles contiennent que le père recueillera ces successions (3). Comme le dit Le Brun (4), les enfants ne peuvent avoir leur douaire que sur ce qui appartenait à leur père ; or, le père, n'a les biens dont il a hérité

(1) Renusson, ch. viii, § 21.

(2) Remarquons que Ferrière (tome III, p. 720) ne fait plus aucune distinction entre les dettes mobilières du mari, hypothécaires ou non. Nous trouvons, d'autre part, dans le recueil de jurisprudence de Grainville, un arrêt de la 4ᵉ chambre des enquêtes (page 129) du 28 août 1734, qui décide que les dettes mobilières, hypothécaires, antérieures au mariage, ne diminuent pas le douaire (Et ici encore, les créanciers mobiliers avaient subrogé des créanciers immobiliers, il est vrai que cette subrogation ne leur avait fait acquérir que l'hypothèque des autres créanciers sans changer la nature de leur créance). Cet arrêt est suivi de deux consultations d'avocats. L'une du 15 avril 1733 des avocats de Rouen (signée Perchet et Remy), l'autre du 23 avril 1733 des avocats de Paris (signée Duhamel, Gacon, Visinier, de la Vigne) toutes deux déclarent que seules les dettes immobilières réelles ou hypothécaires diminuent le douaire ; mais que les dettes mobilières, quoiqu'hypothécaires ne le diminuent pas. C'est aussi l'avis de Pothier (2ᵉ partie du *Traité du douaire*, ch. i, art. 4, § 309). Il y a donc eu depuis Renusson un changement de jurisprudence.

(3) Duplessis. Observation 10, tome I, p. 243. — Ferrière, tome III, p. 720, § 51.

(4) Le Brun, p. 333, § 34-35.

qu'après avoir payé, au prorata de ce dont il
bénéficie, toutes les dettes du défunt. On ne peut pas
pas dire, que, ce qui est consommé par les dettes,
est échu efficacement au mari. Sans doute, l'héritier
est le continuateur de la personne juridique du défunt,
les droits du défunt deviennent ses droits, les dettes
du défunt deviennent ses dettes. Mais, s'il y a confusion absolue des patrimoines, cette confusion
n'est pas telle qu'on puisse dire, comme cela a paru
être soutenu, que les dettes du défunt, devenant
celles de l'héritier, ce sont, pour l'héritier, des dettes
postérieures au mariage, ne diminuant pas, par
conséquent, le douaire. Ce serait pousser à l'extrême, la faveur dont on entourait le douaire des
enfants, en même temps que violer trop ouvertement
les droits des créanciers.

Le père, en se mariant, contracte, nous le savons,
l'obligation de laisser intact le douaire de ses
enfants; il ne peut l'entamer de quelque façon que
ce soit, ni le charger d'aucune dette. Néanmoins, il
pouvait se produire que les biens sujets au douaire
subissent, entre le jour du mariage et celui du décès
du père, des accroissements ou des diminutions.
Qu'arrivait-il en ce cas ? Pour ce qui est des dégradations, démolitions et autres diminutions, Renusson (1) déclare que le douaire, étant acquis au jour
du mariage, on ne doit pas faire un préjudice quelconque aux enfants. Ferrière (2) dit également que

(1) Renusson. *Du Douaire,* ch. III, p. 77.
(2) Ferrière, t. III, p. 842.

les enfants sont propriétaires, dès le mariage, et qu'on ne peut pas, sans juste réparation, aliéner ou dégrader les choses d'autrui; qu'en l'espèce, s'il en était autrement, l'héritage sujet à douaire, ne vaudrait plus, au jour du décès, ce qu'il valait au jour du mariage; qu'il y a donc lieu, au cas de diminution, d'allouer aux enfants une récompense. On objectera, peut-être, à cette manière de voir que le douaire n'était acquis aux enfants, au jour du mariage, que sous double condition : qu'ils survivront à leur père et qu'ils répudieront la succession; par conséquent, c'est dans l'état où le douaire se trouvera, au jour où les conditions se réaliseront, qu'il faudra le prendre.

C'est là une erreur; le douaire peut être conditionnel ; mais, si la condition s'accomplit, le droit des enfants remonte au jour du mariage; c'est de ce jour que la propriété leur est acquise rétroactivement; et, s'il y a diminution quelconque du bien sujet à douaire, c'est la propriété des enfants, qui a été indûment diminuée, et, il y a lieu à récompense ou indemnité. Pour cette récompense, on devait faire une estimation : savoir quelle était la moins-value du fonds. D'après Renusson (1), cette estimation devait se faire d'après la valeur de l'héritage au temps du décès du mari ; c'est à cette époque que s'ouvre le douaire, il y avait donc lieu d'examiner ce que valait alors l'héritage, ce qu'il aurait valu s'il n'avait pas été dégradé, ce qu'il vaut moins à cause

(1) Renusson, ch. III, § 79.

des dégradations, et de fixer ainsi l'indemnité représentative de la moins-value.

Le principe de l'indemnité, une fois admis en faveur des douairiers, quand les biens sujets au douaire ont diminué par le fait du père, il semble rationnel que ce soit le même principe, qui soit appliqué en faveur des héritiers, quand les biens du père ont été augmentés entre son mariage et son décès. Ces augmentations pouvaient être considérables, et modifier singulièrement la situation des intéressés. Aussi, Bacquet (1) estimait que les enfants, qui demandent leur douaire sur un bien, jadis terrain inculte, aujourd'hui propriété bâtie, doivent rembourser la moitié des bâtiments et améliorations. Renusson (2) est aussi de cet avis ; mais, il est forcé de reconnaître que la jurisprudence en avait décidé autrement. Jean Papon (3) nous dit, en effet, que la faveur du douaire est telle qu'un arrêt du 7 septembre 1601 a jugé « que distraction ne devait être faite des bâtiments, réparations, améliorations » accomplis durant le mariage, en la maison du père sujette au douaire coutumier, au profit des créanciers, qui auraient prêté de l'argent pour faire ces réparations et bâtiments « étant, par exprès, porté à l'obligation que ce prêt était pour cet effet, et

----

(1) Bacquet. *Droits de justice*, chap. xv, § 44.

(2) Renusson, ch. iii, § 82.

(3) Jean Papon. Livre XV. § 26. Le même arrêt rapporté par Renusson, ch. iii, § 81. — Ferrière, sur l'art. 256. Glose I, § 9. — Charondas le Caron, sur la cout. de Paris, chap. xi. — Bourjon, en ce sens, chap. vi, sect. 1, dist. 1.

la maison ayant été rebâtie de suite après la date de l'obligation. »

Les enfants exposaient, paraît-il, que le douaire était leur héritage ; que le père n'est qu'un usufruitier ordinaire ; que s'il fait des améliorations, c'est pour la conservation du bien, et que s'il fait des améliorations supérieures à celles auxquelles est obligé l'usufruitier ordinaire, il est présumé les avoir faites pour le profit et l'intérêt du propriétaire, et même pour le sien, en vue d'en jouir, et que par conséquent, les douairiers ne doivent rien. Les créanciers opposèrent, en vain, qu'ils remplaçaient leur débiteur défunt; que celui-ci aurait pu demander une indemnité pour les impenses et les améliorations par lui faites, qu'un constructeur de mauvaise foi, qui construit sur le terrain d'autrui peut déjà bien retenir les impenses par l'exception de dol, jusqu'à concurrence de ce dont profiterait le propriétaire ; qu'à plus forte raison, eux, des créanciers, qui exercent les droits du père défunt, étaient en droit d'empêcher les enfants de s'enrichir, sans cause, à leur détriment. Le père ne peut pas diminuer le douaire au préjudice de ses enfants, la plus stricte équité s'oppose à ce qu'il puisse l'augmenter sans cause, en leur faveur, au préjudice des créanciers.

Malgré toutes ces bonnes raisons, les créanciers furent déboutés. Cet arrêt n'est pas le seul. Renusson (1) en rapporte un autre du 7 septembre 1640, qui juge aussi que les enfants prennent leur douaire,

____

(1) Renusson. *Du Douaire*, chap. III, § 82.

en l'état où il est au jour du décès, y compris les
augmentations faites par le père depuis son mariage,
sans aucune récompense, ni remboursement pour
les bâtiments, qui auraient été construits sur l'héritage. Aussi, les auteurs se soumirent à ces décisions, et il arriva, comme le dit Duplessis « que si
d'un morceau de terre de peu, on faisait un domaine
de conséquence, tout cela demeurait au douaire. »
Renusson et Ferrière (1) s'élevaient pourtant contre
cette jurisprudence, motivée, d'après le premier,
par des questions de fait, mais, qui, pourtant, se
renouvellait. Ils voulaient, cependant, bien l'accepter quand on ne portait pas préjudice aux créanciers. Ferrière oublie que les enfants pouvaient ne
pas tous être douairiers ; que quelques-uns pouvaient accepter la succession de leur père, et que
leur situation, dans ce cas, est aussi digne de
considération que celle des douairiers. Ils avaient
sans doute le droit de prendre le douaire, et ainsi de
devenir étrangers au patrimoine tant actif que
passif de leur père ; il n'en était pas moins contraire
à l'équité d'admettre, d'une part, qu'ils devaient
payer une indemnité, quand le douaire avait
diminué, pendant le mariage, et qu'ils ne devaient
pas en recevoir quand il avait augmenté.

Duplessis (2) déclare qu'il y a, dans ce fait, une
conséquence de la règle « quod solo inœdificatur,
solo cedit. » C'est, en tous cas, une entorse pro-

----

(1) Ferrière. Sur 256 de Paris. Glose I, § 9.
(2) Duplessis, tome I, p, 243, observ. 9.

fonde à l'un des principes fondamentaux du droit et de l'équité : que nul ne peut s'enrichir au détriment d'autrui. Seule la grande faveur dont jouissait le douaire peut expliquer cette anomalie, qu'on ne saurait pas approuver.

CHAPITRE TROISIÈME

Du droit
des enfants au douaire avant son ouverture.
Ouverture du douaire.

SECTION I. — DU DROIT DES ENFANTS AU DOUAIRE AVANT SON OUVERTURE.

Nous avons vu, en étudiant la nature du douaire, que cette institution était le résultat d'un contrat, d'une obligation. Des articles 248 et 249 de la coutume de Paris, il apparaît que, dès le jour du mariage, le droit au douaire existait en faveur des enfants. Dès ce jour, en effet, les héritages du mari, tels que nous les avons examinés, étaient affectés à ce douaire pour la part que déterminait la coutume. Le mari était tenu envers les enfants de leur garder ces biens. C'est par le seul fait du mariage que se produit ce résultat ; la loi municipale, en matière de douaire coutumier, a, remplacé la convention des parties. Persuadé de l'utilité de l'institution du douaire, et craignant que, parfois, un mariage soit contracté sans qu'on ait songé à faire un contrat, le législateur a établi une obligation légale, qui s'accomplit en même temps que le mariage.

Quant au douaire préfix, c'est le contrat qui le détermine et c'est par la force même de ce contrat de mariage que le douaire appartenait aux enfants : c'est donc au jour du contrat que naissait, pour les parents, l'obligation de ne plus vendre, aliéner, charger de quelque façon les héritages qu'ils avaient décidé de faire entrer dans le douaire. Sans doute, comme aujourd'hui, le contrat n'était valable, sous l'ancien droit, que si « nuptiae sequntur ; » mais, si le douaire se produisait par la suite, c'était au jour du contrat qu'il fallait remonter pour anéantir les aliénations que le père avait pu consentir.

Pour les héritages « qui escheent et adviennent en ligne directe au mari des successions de ses père et mère et autres ascendants, » c'est au jour même où le père y succède, qu'ils sont affectés au douaire des enfants ; dès que le père en est saisi comme héritier, les enfants en sont saisis comme douairiers, et, dès cet instant, les biens sont inaliénables.

Les enfants étaient donc, à l'instant même de leur naissance, titulaires d'un droit de nue-propriété éventuelle. Si l'événement, duquel dépendait la réalisation de leur droit, venait à se produire, en d'autres termes, si les enfants survivaient à leur père, dans ce cas, leur droit remontait encore dès avant leur naissance. L'obligation des parents date du jour de leur mariage ; elle existe bien avant qu'ils sachent s'ils auront jamais des enfants, ou si ces enfants accepteront le résultat de la convention dont ils seront les bénéficiaires. Et c'est surtout ici qu'on peut croire qu'il y a réellement dans le douaire des enfants, de grandes apparences de libéralité, qui l'ont fait comparer à une donation. Sans doute, les règles de la donation ne s'appliquent pas, en cette matière, mais, il est incontestable que, dans le fait de deux époux, qui, par contrat ou par une soumission bénévole ou inconsciente à une coutume, déclaraient ou voyaient déclarer que tels ou tels biens appartiendraient à leurs enfants dès le jour de leur mariage, il y a certainement une intention libérale, il y a une sorte de contrat de bienfaisance.

Quoiqu'il en soit, c'est au jour du mariage, que naît, pour le père, l'obligation de conserver les biens sujets à douaire. Cependant il faut remarquer que, malgré l'extrême faveur dont était entouré le douaire, les enfants pouvaient s'en trouver dépouillés, au moment où allait naître leur droit éventuel. Le douaire des enfants n'est que celui de leur mère ; or, on pouvait stipuler au contrat de mariage, et cela, même dans les coutumes où le douaire est propre aux enfants, que la mère n'aurait pas de douaire ou qu'elle renonçait au douaire. Les coutumes ne contiennent aucune disposition au sujet de ces stipulations. Nulle part, elles ne sont interdites ; et, comme l'enfant n'a un douaire que si sa mère en a un, il s'en trouvait privé, quand elle s'en était

dépouillée (1). Les auteurs acceptaient ces conséquences : Bourjon (2) estime que la stipulation faite
par la femme de n'avoir aucun douaire s'applique
aux enfants ; c'est la loi du mariage, qui la fait
naître, ils ne peuvent pas la critiquer. C'est d'ailleurs
là une simple convention (3), qui n'a trait ni aux
mœurs ni aux lois prohibitives. Ferrière (4) admet
lui aussi, la validité d'une semblable renonciation,
pourvu qu'elle soit faite expressément ; elle s'applique
en ce cas aux enfants. L'obligation qui incombait au
père relativement au douaire des enfants pouvait
donc être éteinte par le même acte qui la créait ; mais,
quand elle existait, elle persistait durant toute la
vie du père (5).

Durant toute son existence, par conséquent, les
biens étaient indisponibles, quoi que les enfants ne
pussent en disposer, leur droit étant conditionnel et
incertain jusqu'au décès de leur père. Aussi, les
enfants qui mouraient avant leur père étaient-ils
impitoyablement écartés, puisque la condition en
vertu de laquelle ils auraient pu être propriétaires
du douaire ne s'était pas réalisée de leur vivant.
Leurs héritiers ne pouvaient pas les remplacer,

(1) Renusson, ch. v, § 10. Il rapporte un arrêt de janvier 1606.
(2) Bourjon, chap. iii, sect. ii.
(3) *Idem*, chap. v, sect. i et sect. ii.
(4) Ferrière sur 247, Glose I, § 1. Avis identique de Ricard et d'Auzanet, voir aussi sur 245, Glose I, et remarques générales sur 247.
Ferrière, tome III, p. 672.
(5) Duplessis, p. 255, dit en effet, que c'est une maxime constante que
la femme ne puisse renoncer au douaire pendant son mariage.
Egalement Charondas le Caron sur la *Cout. de Paris*, chap. xi.

puisqu'on ne remplace pas quelqu'un pour un droit qu'il n'a pas. Eux-mêmes n'ont pas pu utilement transporter ou hypothéquer la portion qu'ils auraient eue s'ils avaient survécu à leur père ; ils n'ont pas pu en disposer en quelle que façon que ce soit. C'était l'avis de Dumoulin (1) ; c'était aussi celui des autres jurisconsultes (2) ; aussi, les créanciers d'un enfant mort avant son père n'avaient aucun droit à prétendre au douaire que celui-ci aurait eu s'il avait survécu.

Mais, si la mort seule du père donnait ouverture au douaire, il n'en est pas moins vrai que durant son existence, les enfants avaient des droits, et leur père des obligations. Les droits des enfants étaient tout à fait illusoires ; on n'en pouvait tirer aucun profit, à cause de la trop grande incertitude de leur réalisation. Il n'en est pas moins vrai qu'ils consistaient dans la propriété des biens, qui, à la mort de leur père constitueront leur douaire, s'ils lui survivent et s'ils renoncent à sa succession. Dès l'instant du mariage, les droits du père n'étaient plus que ceux d'un usufruitier ; il fallait bien qu'il y eut quelque part un propriétaire ; et, ce propriétaire c'étaient les enfants. Mais, leur propriété était tout à fait restreinte, à peu près théorique ; elle existait juridiquement, mais en pratique, elle était nulle et de nul effet. C'était à l'absolue incertitude de la réalisation de leur droit que les enfants devaient

(1) *Vivo patre, non possunt de hoc disponere.*
(2) Voir Ferrière, art. 249. Glose I, § 14.

cette propriété théorique. En effet, ils se trouvaient en présence de différentes conditions, qu'ils devaient voir se réaliser, et, qui étaient tout à fait incertaines.

C'est d'abord la condition de survie du père qui est essentiellement aléatoire et éventuelle ; c'est ensuite, la condition d'acceptation du douaire par la mère, qui n'est pas non plus certaine ; c'est enfin la condition d'acceptation de l'enfant, lui-même, condition qui est aussi aléatoire que les autres, et dont la réalisation est subordonnée à des événements tout à fait imprévus. De sorte, qu'en fait, alors même qu'un enfant aurait pu espérer vendre un bien, qui sera peut-être plus tard sujet à son douaire, il ne devait jamais se trouver quelqu'un d'assez téméraire pour oser contracter avec lui. De plus, quoique le droit au douaire ne soit pas considéré comme un droit successoral, il n'en est pas moins vrai qu'il y ressemblait fort, et que, souvent, on le considérait comme tel. Au cas, donc, du contrat que nous avons indiqué, il semble bien qu'il y aurait une sorte de pacte sur succession future que la loi et la morale ne pouvaient tolérer. Donc le droit des enfants durant la vie de leur père était absolument minime. Il n'en était pas de même des obligations auxquelles était tenu le père depuis le jour de son mariage jusqu'à celui de son décès.

Ces obligations, c'est l'article 248 de la coutume de Paris, qui nous les indique ; dès l'instant du mariage, le père ne peut vendre ses biens immobiliers, les engager, les hypothéquer au préjudice des enfants ;

en d'autres termes, le douaire, pendant le mariage, était inaliénable et imprescriptible. C'est la faveur de cette dernière table de naufrage, dit Bourjon (1), que la coutume a voulu rendre effective ; c'est le but de cette assurance faite pour les enfants. Aussi, une vente faite par le mari n'était pas valable. Cette nullité, d'ailleurs, était fondée sur ce que le mari cessait d'être propriétaire de la part des biens sur lesquels avait été constitué le douaire du jour de son mariage : il y avait vente faite *a non domino* par le père. Remarquons, cependant, que la vente n'était pas radicalement nulle, mais annulable seulement.

Il y a une condition, une éventualité possible qui peut se produire : à savoir que les enfants meurent avant leur père; si la condition se réalisait, il n'y avait pas dans ce cas de douaire, et la validité de la vente ne pouvait plus être contestée.

C'est comme faite *a non domino* que la vente était annulable ; c'est aussi parce que le père n'était pas propriétaire, ou pouvait, éventuellement, plus tard, ne pas être réputé propriétaire à cette époque, que le décret (2) fait, pendant le mariage, sur les biens sujets à douaire est sans effet, s'il est fait par des créanciers postérieurs au mariage. C'est l'avis unanime des auteurs et de la jurisprudence (3). C'est

(1) Bourjon, titre 13, ch. XIII, sect. 1, dist. 1.
Egalement Duplessis, page 255, chapitre VI.
(2) Sur le décret, voir plus loin, chap. VII.
(3) Voir les arrêts cités au chapitre des actions et aussi Bourjon titre XIII, chap. XIII, sect. III, dist. I. — Le Brun, livre II, chap. V, sect. I, dist. I. — Renusson, chap. X, n°˙ 1 et suiv. — Duplessis, p. 256. — Ferrière, sur 249, Glose II, § 17 et suiv.

à cause de la faveur dont le douaire est l'objet, que le droit des enfants, nous dit Bacquet, ne peut être « tollé, ôté ni éteint, encore que l'héritage sujet à douaire ait été solennellement décrété. » Il semble préférable de donner une autre cause à la nullité de ce décret : c'est parce que les enfants deviennent rétroactivement propriétaires du douaire au décès de leur père ; que, par conséquent, le décret a été poursuivi *super non domino ;* et, qu'ainsi, il est nul pour moitié. C'est aussi parce que le droit est toujours suspendu pendant la vie du père que l'article 117 de la coutume de Paris a décidé que la prescription ne commencerait à courir en matière de douaire que du jour du décès du père.

Section II. — Ouverture du douaire

C'est la mort du père qui donne ouverture au douaire des enfants. Cela résulte des termes de l'article 250 de la coutume de Paris : « le douaire n'appartient aux enfants du mariage, que s'ils se portent héritiers de leur père, et s'ils s'abstiennent de prendre sa succession », et aussi de l'article 255 pour le douaire préfix. Comme c'est seulement au jour du décès de leur père que les enfants peuvent se porter héritiers et renoncer à sa succession, ce n'est donc que de ce jour que s'ouvre le douaire. Cependant, à ce jour, le droit n'est pas encore absolument certain pour les enfants, puisque la certitude de leur droit dépendra de l'option de leur mère, comme nous le verrons plus loin.

La mort du père était un fait que les enfants devaient prouver quand ils demandaient leur douaire. Cette preuve se faisait par la représentation des actes de sépulture dressés par les curés et desservants, depuis les ordonnances de Villers Cotterets (1539) et de Blois (1579). Elle pouvait être difficile, quand le père avait disparu, ou qu'il était absent. Renusson (1) nous apprend que, suivant les coutumes, après sept ou dix ans, la femme pouvait demander jouissance de son douaire, et les héritiers présomptifs se mettre en possession ; il ne parle pas des enfants ; mais, si le douaire est ouvert pour la femme, en usufruit, il est certainement ouvert pour les enfants en propriété ; si les héritiers présomptifs peuvent se mettre en possession des biens de l'absent, qui leur reviendraient à titre successoral, pourquoi les douairiers ne seraient-ils pas admis à en faire autant pour les biens qui devaient leur revenir à titre de douaire. Mais, vis-à-vis des créanciers de l'absent, qui auraient saisi les biens formant le douaire, et que les douairiers voudraient attaquer pour se faire rendre ces biens, il n'y avait aucun moyen. En effet, pour réussir dans une telle action, il fallait pouvoir prouver le fait de la mort du père, qui est la base de la demande des douairiers, puisque c'est sur le point de savoir si la vente a été poursuivie *super domino*

____

(1) Renusson, chap. v, n° 44.

ou *super non domino* que roulera le débat. (1).
Néanmoins, comme il arrive une époque où l'absent
doit nécessairement être mort, on devait, en rappor-
tant l'extrait baptistaire du père, ou en prouvant
qu'il s'est écoulé cent ans depuis sa naissance,
présumer sa mort, et par conséquent ouvrir le
douaire.

Fallait-il attribuer à la mort civile les mêmes
effets qu'à la mort naturelle ? La coutume de Melun
s'est expliquée sur cette question. L'article 236 dit,
en effet, que le douaire ne peut être demandé jusqu'à
la mort du mari, naturelle ou civile. Les autres
coutumes parlaient en termes généraux : soit le
trépas (2), soit le décès (3), soit la mort (4). Devait-
on étendre ces expressions ? Louet (5) rapporte un
arrêt du 27 août 1596, qui serait opposé à l'extension.
Bacquet (6) déclare qu'au Châtelet de Paris, on
n'adjuge jamais le douaire avant la mort naturelle
du mari ; il cite un arrêt solennel du 8 juin 1590 (7),
et ajoute que, cependant, on accordait à la femme
une provision d'aliments. Il ne parle pas des enfants ;

(1) Pothier, *Du douaire*, 2ᵉ partie, art. 329. — Voir aussi dans
Ferrière, *Les observations de M. X...*, sur l'article 255, § 5, au
tome III p. 833.

(2) Paris, art. 255.

(3) Gerberoy, art. 68.

(4) Mantes, anc, cout., titre 14, § 5.

(5) Louet, Lettre D. nᵒ 36, tome I, page 458. — Loysel, liv. I,
titre 3 du douaire. Art. 6. « Jamais mary ne paya douaire ».

(6) Bacquet, *Droits de justice*, ch. xv, nᵒ 61.

(7) En ce sens, au cours d'un arrêt de la 4ᵉ Chambre des enquêtes,
dn 9 mai 1691, au tome 5 du *Journal des Audiences,* livre VII,
chap. xxiv, p. 501. — Un arrêt du Parlement de Rouen.

mais, au § 63 il se pose la question suivante : lorsqu'une provision d'aliments a été accordée à la mère comme douaire, à la suite d'une séparation de biens, et que la mère vient à mourir, l'enfant peut-il demander le douaire de la mère ? Et il répond que jamais tant que le père vit, l'enfant ne peut demander le douaire ; il rapporte une sentence du Châtelet, formelle en ce sens. Ferrière (1), sur cette même question, indique une divergence d'opinions entre les auteurs, au sujet du douaire des femmes, mais il déclare que cela ne regarde que les femmes, puisqu'il s'agit d'une simple question de jouissance ; et, au § 21, il répète lui aussi que les enfants après le décès de leur mère n'ont pas droit à la pension qui avait été adjugée à la femme après la condamnation de son mari : car les enfants ne peuvent rien demander sur les biens du père pendant sa vie ; le douaire ne s'ouvre pour eux qu'à sa mort, à condition qu'ils renoncent à sa succession, jusque-là, ils ne peuvent rien avoir (2).

Le droit des enfants à la propriété de la moitié des

L'affaire avait été évoquée au Parlement de Paris et renvoyée à celui de Rouen, qui l'a jugée « d'après les règles et maximes de Paris et du droit commun ».

(1) Ferrière, sur l'art. 255. Glose unique, § 7.

(2) Voir encore Bourjon, t. I, titre xi, 3ᵉ partie, ch. ii, sect. 2. — Et dans Ferrière, tome iii, p. 833. Observat. de M. X... sur l'art 255. « Le mot trépas ne veut dire que mort naturelle ; la mort civile si rude qu'elle soit, suffit bien pour produire la séparation de biens et d'habitation, mais pas pour l'ouverture du douaire, *quia semper superest spes veniæ.* »

Tel n'était pourtant pas l'avis général. Guy Coquille sur l'art. 6 du titre 24 de la cout. de Nivernais, tome II, p. 249, estime au contraire

héritages que leur père avait au jour du mariage et qu'il a acquis depuis, en ligne directe, entrait donc, à ce moment-là, dans leur patrimoine et se fixait sur leur tête. Aussi, dès cet instant, ce droit faisait partie de leur succession ; ils pouvaient le transmettre à leurs héritiers. Si leur mère était prédécédée, ils n'avaient plus à s'occuper de l'option qu'elle pouvait faire ; ils avaient le droit de choisir, comme ils le voulaient ; prendre à leur gré le douaire coutumier ou le préfix, si une convention spéciale leur avait donné ce choix ; déclarer garder le don qu'ils avaient pu recevoir de leur père, et répudier le douaire ; se contenter enfin, de la succession paternelle plutôt que de demander le douaire ; en un mot, au décès de leur père, les enfants étaient libres, ils étaient titulaires d'un droit.

Tant que leur père vivait, il y avait une condition, qui rendait leur droit de propriété au douaire, vague, indéterminé et tout à fait illusoire ; cette condition, c'était leur survie au prédécès de leur père. La condition accomplie, leur droit, de possible qu'il était, est devenu certain ; de conditionnel, il est devenu assuré, et, il fait partie intégrante de leur patrimoine ; aussi, s'ils mouraient, sans avoir opté pour l'une ou l'autre

que la mort civile du mari devait produire les mêmes effets que sa mort naturelle car « quoique le mariage, quant au lien, ne soit dissolu, toutefois, le mari, ayant perdu toute communion de droit civil et tous ses biens, est réputé mort et sa femme veuve, en tant que touche le fait des biens » ; et il cite un arrêt solennel du 14 août 1567 en ce sens, rendu en sa présence. Guy Coquille ne parle que des femmes, mais les motifs qu'il invoque peuvent très bien s'appliquer aux enfants.

des alternatives que leur laissait la coutume, leur droit passait à leurs héritiers avec la même faculté d'option : c'est à eux qu'il appartenait d'être héritiers, donataires ou douairiers, quelle que fut d'ailleurs la qualité de ces héritiers, et aussi leur nombre. Mais, dans ce cas, leur option sera indivisible, elle doit être faite par eux tous. En effet, ils ne représentent plus qu'un seul droit ; ils doivent donc s'entendre et vider le différent par le sort ; ils n'ont qu'une option d'ensemble à faire, et, ce qui en proviendra, ils le partageront entre eux. Renusson (1) admet le même droit aux créanciers du défunt, au cas où les héritiers de ce dernier renonceraient à la succession. Le droit d'option n'est pas éteint par la mort de celui qui avait qualité pour opter, il passe à ses héritiers ; et, si ceux-ci renoncent, les créanciers du défunt peuvent, dans leur intérêt, exercer l'option.

Le douaire est donc ouvert, et les autres conditions, qui, maintenant, vont exercer leur influence sur l'efficacité de ce droit ne sauraient nullement le modifier ; le droit est acquis ; il peut, cependant, ne pas produire d'effet utile, attendu qu'on peut toujours renoncer à un droit ; le droit de douaire pourra donc disparaître aussitôt qu'il a apparu, il n'en a pas moins existé,

La survivance de la mère n'avait pas d'influence sur l'ouverture du douaire, les enfants étaient, malgré la présence de leur mère, maîtres de leur droit ; ils se trouvaient dans une situation identique

(1) Renusson, ch. vi, § 15.

à celle d'un fils, à qui on aurait légué la nue-propriété d'un bien en léguant l'usufruit à sa mère. Même, quand la mère survivait à son enfant, le droit de nue-propriété de celui-ci passait à ses héritiers. Quoique le droit au douaire soit ouvert, il pouvait arriver, quand la mère survivait à son mari, que le droit des enfants ne produise aucun effet utile. La veuve, nous le savons, avait en jouissance viagère, les biens, qui formaient le douaire de ses enfants en pleine propriété ; ou, pour mieux dire, les enfants avaient le douaire de leur mère et n'avaient que le douaire de leur mère ; or, pour être douairière, il fallait que la mère ait accepté ce douaire ; si elle ne l'acceptait pas, les enfants n'avaient pas non plus de douaire, on peut donc dire, pour le cas où la mère survit à son mari, que si le douaire est ouvert virtuellement, au jour du décès du père, il n'est ouvert, en réalité, pour les enfants, qu'au jour où leur mère a accepté le douaire ; puisque, jusqu'alors, les enfants, se trouvent propriétaires sous une condition, presqu'aussi éventuelle que celle où ils étaient avant le décès de leur père : le caprice d'une femme.

La mère, par son choix, pouvait modifier beaucoup la situation de l'enfant. Son choix portait non seulement sur la qualité de douairière et de femme commune, mais encore sur le douaire coutumier ou préfix ; or, si, au premier cas, son option détruisait pour l'enfant, tout espoir au douaire, elle pouvait dans le second cas, modifier beaucoup la situation de l'enfant, à cause de l'extrême élasticité du douaire préfix (1). Or, il est absolument certain, que, l'option faite par la mère, produit son effet vis-à-vis des enfants, crée pour eux une situation qu'ils ne peuvent plus changer; c'est là une conséquence toute logique du principe, que nous avons souvent rappelé, que le douaire des enfants est le même que celui de la mère.

Bourjon (2) et Le Brun (3) admettent ces conséquences, sans réserve. Renusson (4) les reconnaît aussi, il va même plus loin, en déclarant qu'une fois qu'elle a opté, la femme ne peut plus changer de volonté, alors même que les choses resteraient entières, et qu'elle ne serait pas encore entrée en jouissance; c'est aussi l'avis de Duplessis (5). Tous

(1) Il y a une grande variété dans les coutumes sur le point de savoir si le douaire préfix pouvait excéder le coutumier. La plus grande partie des coutumes n'ont pas limité à la quotité du douaire coutumier le douaire conventionnel; quelques-unes ont limité celui-ci au coutumier (Nivernais, § 2 ch. 24).

Guy Coquille (*Cout. du Nivernais*, t. II, p. 247) estime que cette particularité de sa Coutume est des plus heureuses; car « il y a très grande équité et politique appartenant à bonnes mœurs à ce que si le mari demeure jeune en viduité, ayant enfants, il puisse trouver parti honorable en mariage et digne de lui ce qui ne serait pas, si le douaire de la première femme était excessif ».

(2) Bourjon, titre 13, chap. viii, sect. 2. et sect. 3.

(3) Le Brun, livre II, chap. v, sect. 2, dist. 3.

(4) Renusson, chap. 4, § 13.

(5) Duplessis, chap. ii, sect. 2, observ. 2.

L'option de la mère se faisait au greffe, une fois faite dans l'un ou l'autre sens, elle ne pouvait plus être modifiée.

Dans le même sens. *Chopin sur Paris*, tome III, de ses œuvres générales, titre 2 du douaire. — Argou, œuvres, t. II, p, 135 et suiv. — Guy Coquille, *Nivernais*, t. II, p. 246. — Challine, *Méthode générale pour l'intelligence des coutumes*, p. 164.

ces auteurs sont aussi d'accord pour reconnaître qu'aussi bien l'option de la mère pour le douaire préfix ou coutumier, que son option pour la communauté ou le douaire produisent des effets vis-à-vis des enfants, le douaire des uns étant le même que celui de l'autre. Le Brun (1) dit fort justement que le douaire s'appelle, en principe, douaire de la mère, et, que les enfants, en se déclarant douairiers, disent qu'ils se tiennent au douaire de la mère. C'est, d'ailleurs aussi, ce qui résulte de la maxime de Loysel (2), « Douaire propre aux enfants est une légitime coutumière prise sur les biens du père, par le moyen et bénéfice de la mère (3). » Il y a au décès

(1) Le Brun, *loco citato*.

(2) Loysel. *Règle* 23, titre 3, livre I.

(3) Tous les auteurs ont dit que le douaire des enfants était le même que celui de la mère, cela n'est pas toujours absolument exact. Le Brun, au *Traité des successions*, Livre II, chap. V, indique six cas où les douaires sont différents : 1° si le père a ameubli un héritage par contrat de mariage, si les enfants renoncent à la succession de leurs père et mère, le bien entrera dans le douaire des enfants ; il n'était pas dans celui de la mère. L'ameublissement est fait pour la communauté, et n'a d'effet qu'entre contractants. Ferrière conteste fort ce premier point ; sur 247, glose unique § 3.

2° Quand un office venal et non domanial est dans la succession, la veuve n'y a douaire que subsidiairement à défaut d'autres biens, mais les enfants y ont leur douaire de plein droit.

3° Si le père a bâti après le décès de la mère sur le fonds sujet à douaire, les enfants auront douaire sur les bâtiments *jure accessionis* (il est vrai qu'ici la mère n'a pas eu de douaire).

4° S'il échet au père des héritages en ligne directe après le décès de sa femme, les enfants y auront leur douaire (La mère n'a pas eu ici non plus de douaire).

5° Quand la femme est privée de son douaire pour cause d'adultère (le seul cas d'après Ferrière).

6° Au cas où le mari au contrat de mariage déclare douer sa femme de 100 livres, au cas où elle n'a pas d'enfants et 600 livres si elle en a.

Voir aussi Guy Rousseaud de la Combe, p. 254, sect. 4, n° 16.

du père un droit d'option à exercer, si la mère survit ;
si elle l'exerce, le droit est usé, les enfants n'ont
qu'à se soumettre.

L'option de la mère fixait donc la situation des
enfants (1), au cas où elle survivait à son mari ; mais,
il n'en est pas moins vrai que le douaire était ouvert
au jour du décès du père, et que, si par l'effet de
l'option, le droit des enfants se trouvait affermi, ce
droit remontait rétroactivement au jour de la mort
de leur père ; ils étaient propriétaires dès ce jour
que la mère survive ou qu'elle prédécède, qu'ils aient
un droit de propriété entière ou un droit de nue-propriété. Aussi, est-il intéressant de connaître la
situation des enfants au point de vue de la saisine.
La mort du père donnait-elle aux enfants un droit
immédiat sur les immeubles faisant partie du
douaire, comme le droit qui appartenait en matière

(1) Ferrière, sur l'art. 261, Glose unique, § 9, t. III, p· 890, rapporte
l'avis des jurisconsultes ; il cite Chopin, Charondas et Guérin, qui
sont en faveur des enfants, qui veulent que le choix de la mère, fait
légèrement, ne puisse nuire aux enfants ; car, au décès du père, le
choix appartient tant aux usufruitiers qu'aux propriétaires, etc.
Mais, il indique l'opinion d'autres jurisconsultes, qui, tous, admettent que le douaire de la mère est celui des enfants, et que l'option de
la première arrête définitivement celle des autres. C'est aussi son
avis et celui de la jurisprudence. Leprestre, centurie III, chap. XLIV.
En ce sens, un arrêt de janvier 1606, à la page 785 du *Journal des
Audiences*, livre VIII, chap. XVI, au cours d'un arrêt du 18 décembre
1683, il fut jugé que si une femme mineure a renoncé au douaire par
contrat de mariage, les enfants n'ont pas de douaire et ne sont pas
restituables contre cette renonciation par la seule raison que le
douaire dépend de la seule volonté des parties qui peuvent le rejeter
ou l'admettre. Si elle peut renoncer, elle peut aussi opter. Voir aussi
un arrêt du 2 mai 1583, rapporté par Jean Papon, sur le livre XV, § 12.

de succession « à l'hoir le plus proche », ou bien fallait-il, au contraire, se faire envoyer en possession ? Le mort saisissait-il le vif en matière de douaire ?

Les coutumes ne font pas de distinction au point de vue de la saisine entre la femme et les enfants, au sujet du douaire ; comme c'est toujours aux mêmes articles qu'elles parlent du douaire des femmes et de celui des enfants ; que tous deux ne forment qu'un seul douaire, on peut conclure que les règles relatives à la saisine du douaire des femmes s'appliquent à la saisine du douaire des enfants ; si la femme est saisie, par la mort de son mari, de la jouissance des biens qui forment son douaire, pourquoi les enfants ne seraient-ils pas saisis de la nue-propriété ou de la propriété de ces mêmes biens, dans des circonstances analogues ? Mais, les coutumes varient sur la question même de la saisine.

Parmi celles que nous avons citées comme reconnaissant la propriété du douaire aux enfants, il existe déjà des différences. C'est ainsi que dans la coutume de Gerberoy, il n'y a pas de saisine ; les coutumes de Senlis, de Clermont, d'Estampes admettaient qu'on soit saisi des biens formant le douaire coutumier et pas de ceux qui constituent le douaire préfix ; l'ancienne coutume de Paris faisait, elle aussi, cette distinction : seul, le douaire coutumier saisissait ; la nouvelle coutume de Paris, celles de Calais, du Nivernais et d'autres encore ne font aucune différence entre l'un et l'autre douaire et admettent la saisine en tous les cas. Cet emploi de la saisine, en matière de douaire, qui a fait, une fois de plus, considérer le droit de douaire comme un droit successoral, se justifiait cependant très bien. En effet, la saisine n'était accordée qu'à l'héritier du sang ; or, l'enfant douairier n'est sans doute pas héritier, puisque le cumul des deux qualités lui est interdit ; mais, comme l'héritier, il entre en possession des biens paternels ; comme l'héritier saisi, il est le représentant du sang, au point que le douaire lui est donné comme enfant ; d'autre part, les biens qu'il prend comme douairier, il aurait pu, très souvent, les prendre comme héritier ; le titre en vertu duquel il acquiert changerait donc seul, puisque les mêmes biens arriveraient à la même personne. Pourquoi, alors, ne pas accorder la même faveur dans les deux cas ?

Par la saisine, le douairier se trouvait donc, de plein droit, en possession des héritages qui composaient le douaire ; aussi, comme le remarque Pothier (1), il n'y a pas acte d'héritier pour un enfant, dont la mère est morte avant le père, et qui, au jour du décès de ce dernier, dans une coutume, comme Paris, où le douaire saisit, se met en possession des biens sujets au douaire. L'article 317 de la coutume (2) de Paris dit, en effet, que celui-là ne fait pas acte d'héritier qui appréhende les biens d'un défunt, quand il a droit ou qualité de prendre ces

(1) Pothier, *Du douaire*, n° 332, chap. ii de la 2ᵉ partie.
(2) Bourdot de Richebourg, t. III, p. 52.

biens. Or, notre douairier a droit de se mettre en possession de ces biens, dont il est saisi, puisqu'il a une autre qualité que celle d'héritier, celle de douairier. La saisine lui donnait aussi le droit de se plaindre, en cas de trouble, d'empêchement de jouissance ; de plus, si la mère était prédécédée, les enfants, grâce à la saisine, avaient droit à tous les fruits nés ou perçus du jour du décès de leur père. Cependant, si malgré la prohibition de la coutume, le père avait, pendant sa vie, aliéné quelqu'héritage, sujet au douaire, le droit à la saisine ne permettait pas aux enfants de prendre de suite possession des héritages ainsi aliénés ; ils ne pouvaient pas troubler les acquéreurs dans leur propriété. La coutume, en effet, n'a pas déclaré que, de plein droit, l'aliénation tomberait, au jour de l'ouverture du douaire ; il faut donc qu'un jugement déclare nulle la vente ainsi contractée ; dans ce dernier cas, les fruits et arrérages n'étaient dus que du jour de la demande (1).

Dans les coutumes où le douaire ne saisit pas de plein droit, les enfants devaient demander aux héritiers de leur père, ou au curateur à la succession vacante, de les mettre en possession. Cette demande fixait l'option que devait faire l'enfant entre les qualités de douairier et d'héritier ; elle déterminait aussi la date des restitutions pour les fruits, intérêts et arrérages.

Que les enfants douairiers soient saisis de plein droit des biens qui constituent leur douaire, ou

____

(1) Pothier, *Du douaire*, 1re partie, chap. iii, art. 3, n° 163.

qu'ils doivent se faire mettre en possession de ces biens; que ce soit par eux seuls, ou par l'intermédiaire de l'option de leur mère survivante, qu'ils se trouvent les avoir en réalité, il est une chose certaine, c'est que ces biens sont entrés dans leur patrimoine; qu'ils constituent un héritage appartenant aux enfants, une part de leur fortune personnelle; or, il importait de savoir sous quelle catégorie de biens, il fallait ranger les héritages, qui advenaient ainsi aux enfants.

Les auteurs ne varient pas beaucoup sur cette question, qui, les a cependant beaucoup occupés (1). Bourjon (2) déclare que les héritages, qui forment le fonds du douaire, sont des héritages paternels en la personne des enfants douairiers ; ils constituent, en effet, une portion des biens du père. Duplessis (3) estime qu'ils ont cette qualité, comme si c'étaient des héritages échus par succession directe. Bacquet (4) dit, lui aussi, que seuls les héritiers paternels, et non les héritiers maternels des enfants, ont droit à ces héritages, qui leur sont venus par douaire. Néanmoins, on peut comprendre, jusqu'à un certain point, des divergences d'opinions, sur

(1) Voir Loysel, titre 13, livre I, règle 25 « et a faute d'enfants, les héritiers paternels. » C'est donc que le douaire est propre paternel. Voir aussi Charondas le Caron, Réponses ou décisions du droit français, tome II de ses œuvres, livre 4, p. 119, question 26.

(2) Bourjon, sur l'art. 249, sect. III, dist. II, subd. 2.

(3) Duplessis, ch. IV, sect. 5, p. 254.

(4) Bacquet, droit de justice, ch. XV, n° 4. — Et Charondas le Caron, tome I. *Pandectes ou Digeste du droit français*, livre II, ch, V, p. 188 et suiv.

la qualité de ces biens. Souvent, le douaire des enfants n'était qu'une émanation de celui de leur mère; il n'arrivait aux enfants que par l'intermédiaire de la mère. Celle-ci qui avait la jouissance de ces biens, sa vie durant, avait beaucoup plus que les enfants l'apparence de la propriété, puisque seule, elle exerçait les attributs extérieurs de la propriété; d'autre part, par le choix qu'elle faisait du douaire coutumier ou préfix, ou par l'acceptation du douaire, c'était elle qui fixait celui des enfants, et, qui le rendait efficace; enfin, la maxime que le douaire des enfants est celui de leur mère dut contribuer aussi à faire attribuer le caractère de biens maternels à ceux qui formaient le douaire des enfants.

Bacquet, cependant, nous indique une opinion intermédiaire, qui, probablement fut soutenue, et d'après laquelle le douaire n'était ni paternel ni maternel : les propres sont tous les héritages ou autres immeubles, qui sont venus et échus par succession directe, collatérale, ou donation. Or, le douaire ne vient pas aux enfants par succession, puisque les enfants doivent renoncer à la succession pour avoir le douaire; ils ne le prennent pas non plus par donation, puisqu'on ne peut pas être douairier et donataire; ils le prennent par la seule disposition de la coutume. Cette opinion ne saurait être admise; les biens viennent du père, la mère contribue beaucoup, peut-être, à les faire attribuer aux enfants; mais, quand il s'agit de fixer la qualité d'un bien, il ne s'agit pas de voir entre les mains

de quel usufruitier ou de quel autre détenteur précaire ce bien a pu temporairement passer, il faut voir
son origine ; or, il est incontestable que les biens qui
forment le douaire des enfants, constituent des biens
paternels ; c'est ce qui ressort des termes de la
coutume que le douaire se compose de la moitié des
biens que le mari possédait au jour du mariage, et
qui lui sont advenus en ligne directe durant icelui.

Renusson (1) et Ferrière (2) nous indiquent, d'ailleurs, ces arguments ; mais ils insistent particulièrement sur la question de savoir si ces biens forment des
propres. Pour le douaire coutumier, il semble qu'il
n'y ait pas de doute : les termes de l'article 248
établissent que seuls les biens, qui sont déjà propres,
chez le père, font partie du douaire ; et l'article 249
se sert du mot « propre héritage ». De plus, c'est
comme enfants que les douairiers prennent leur
douaire, la coutume leur donne les biens qui le composent pour les conserver, comme elle le voulait
pour tous les biens propres. On ne voit d'ailleurs
pas où les enfants iraient chercher pour ces biens la
qualité d'acquets. Le douaire préfix avait la même
qualité que le coutumier, quand il consistait en
espèces qui peuvent avoir la qualité de propre,
comme un immeuble. Si c'était une rente, qui appartenait au mari, en ce sens que c'était à lui qu'on la
payait, si on venait à constituer cette rente en
douaire préfix, elle formait certainement un propre

(1) Renusson, *Du douaire*, ch. vi, n° 22.
(2) Ferrière. Glose I, sur l'art. 250, § 2.

dans le patrimoine de l'enfant. Quand il s'agissait d'une rente que le mari créait sur ses biens pour tenir lieu de douaire aux enfants, on discutait un peu. Quoiqu'on puisse dire, qu'en agissant de la sorte, le père a voulu donner une partie de ses biens jusqu'à concurrence de la rente, on admettait que ce n'était pas un propre, parce que cette rente ne faisait pas partie du patrimoine du père, qu'elle a été créée par lui au moment du douaire.

Mais, si les biens sujets à douaire consistaient en objets, qui ne pouvaient pas avoir la qualité de propre, ces biens ne constituaient pas des propres pour les enfants douairiers. Tel par exemple un douaire consistant en une somme de deniers « *a une fois payer* (1) ». Même, si un immeuble était donné en paiement d'un semblable douaire préfix, comme il y aurait ici une simple datio in solutum, il n'y aurait ici qu'un acquêt.

Renusson se demande quelle serait la qualité d'un immeuble délaissé par les créanciers de la succession à l'enfant douairier, qui a renoncé à la succession, et à qui son père a consenti un douaire préfix en rentes. Il cite deux arrêts du 2 mars 1669 et 12 juillet 1692. On aurait voulu que ce fut un acquêt ; car, disait-on, le douaire préfix ne donne qu'une hypothèque, et non un droit de propriété sur les biens du père ; le délaissement fait par les créanciers constitue un paiement ou une dation en paiement :

(1) Ferrière sur 259. Glose unique, tome III, p. 883.

il y a donc là un acquêt. On opposait, d'autre part, une sorte de subrogation, en disant que si le douaire était resté en rentes, comme il avait été établi, il serait resté paternel, comme la rente était, elle-même, un bien paternel, et on voulait appliquer les règles de l'échange, et déclarer le douaire propre. Ce ne fut pas l'avis de la jurisprudence.

CHAPITRE IV

A quels enfants et sous quelles conditions était dû le douaire.

SECTION I. — A QUELS ENFANTS ÉTAIT DÛ LE DOUAIRE.

L'article 249 de la coutume de Paris nous indique à quels enfants était dû le douaire. Quand deux époux avaient contracté mariage dans une coutume « *propre* » et qu'ils avaient décidé, par contrat, que le douaire passerait aux enfants, les enfants « issus du mariage » avaient droit au douaire.

Il fallait donc être né de ce mariage, dont la dissolution, par la mort du père, a amené l'ouverture du douaire, pour être appelé à recueillir, comme propriétaire, le douaire que la mère avait en usufruit. Les enfants d'un précédent mariage n'avaient donc aucun droit au douaire d'un autre lit ; et, réciproquement, les enfants d'un lit postérieur ne pouvaient pas concourir avec leurs frères consanguins et partager leur douaire avec eux. Les coutumes se sont expliquées clairement à ce sujet. Toutes, elles ont fixé le douaire des secondes femmes, et, par conséquent celui des enfants du second lit. Nous avons vu quel était le douaire des enfants quand il n'y avait qu'un seul mariage, nous savons aussi que ce douaire ne pouvait plus s'accroître aussitôt après la dissolution du mariage, par la mort du père, et même par le prédécès de la mère ; dès lors, les enfants du premier lit, ayant à cette époque, leur douaire définitivement arrêté, c'était à ce moment aussi que se déterminait le douaire des enfants du second lit.

D'après l'article 253 de la coutume de Paris, reproduit par toutes les coutumes qui l'admettaient, le douaire des enfants d'un second lit comprenait, d'abord, le quart des immeubles que le mari possédait au jour de son premier mariage, et le quart de ceux, qui lui sont advenus par succession en ligne directe, durant cette première union. On peut s'expliquer cette première disposition. Les enfants du second lit, tout aussi bien que ceux du premier, sont les descendants du chef de la famille ; il est juste qu'ils aient une part de ses biens pour leur douaire. La coutume a fixé cette part à la moitié, les enfants du premier lit ont eu la moitié, elle est inaliénable aux mains de leur père, mais il reste une moitié, on la divise en deux parties : l'une, soit un quart de l'héritage total, que le père avait en se mariant et des biens qu'il a eus par succession directe ascendante durant son premier mariage, ira aux enfants du second lit, l'autre restera disponible entre les mains du père.

Quant aux biens, qui n'ont pas fait partie du douaire du premier lit, ils sont parfaitement libres aux mains du père, par rapport aux enfants douairiers du premier lit. Il peut en faire tout ce qu'il veut, il est libre ; tout comme il est libre de ne pas se remarier ; mais, s'il se remarie, il est juste que ces biens soient affectés au douaire des enfants du second lit pour une quotité égale à celle que la coutume a fixé pour les enfants du premier lit. C'est ce qui résulte des termes de la Coutume : elle donne à ces enfants, d'abord la moitié des acquets appartenant au mari, et faits par lui pendant le premier mariage. Ces biens, en effet, ne pouvaient pas faire partie du douaire des enfants du premier lit; leur qualité d'acquets, faits pendant le mariage, les exclue tout à fait du douaire du premier mariage ; mais, pour les enfants du second lit, au moment où leur père se marie, ces biens, il les tient et possède, tout comme il tenait et possédait les autres, au temps de ses premières noces, aussi, sont-ils affectés pour moitié au douaire des enfants du second lit.

Il en est de même des acquets faits depuis la dissolution du premier mariage jusqu'à la consommation du second. Au moment de cette consommation, au jour où l'obligation au douaire va commencer, ces héritages appartiennent exclusivement au père, ils sont libres entre ses mains ; le douaire va les immobiliser pour moitié. Enfin, quant à la moitié des immeubles qui échéent au mari pendant le second mariage, et qui forment aussi le douaire des enfants du second lit, c'est ici encore une application de la règle générale (1). Ce soin tout particulier qu'a pris la coutume d'indiquer quel était le douaire de chaque catégorie d'enfants n'est qu'une conséquence des principes des articles 249 et 255, que le douaire est le propre héritage des enfants issus du mariage.

Sous le nom d'enfants, il y avait lieu aussi de comprendre les petits-enfants (2), et en général tous les descendants en ligne directe. Primus, par exemple, a un fils, qui, lui-même a des enfants ; le fils meurt, les enfants prennent sa place et ont droit au douaire de leur père sur les biens de leur aïeul. On agissait ici, comme en matière successorale, c'est par représentation que les petits-enfants viendront au douaire, soit avec des oncles, s'il y en avait, soit de leur propre chef, s'il n'y en avait pas. Au premier cas, le fait d'avoir renoncé à la succession de leur père ne constitue pas

---

(1) Il résulte des termes de la coutume que les enfants naturels étaient impitoyablement exclus du douaire. Les enfants nés avant le mariage, mais légitimés par mariage subséquent n'étaient pas réputés bâtards, et, de même qu'ils pouvaient partager à la succession de leurs parents, de même aussi, on les réputait légitimes et on leur accordait le douaire. On considérait encore comme issu du mariage, quoique le douaire fut déjà ouvert, l'enfant né après la mort de son père, pourvu qu'il puisse résulter de la constatation des délais, que cet enfant était issu ou pouvait être issu des œuvres de son père défunt, en vertu du principe : *infans conceptus pro nato habetur, quoties de commodis ejus agitur.*

(2) En ce sens, Ferrière sur l'article 249, Glose I, § 7 et Duplessis, tome I, p. 250, section 6.

un obstacle pour les enfants pour prendre part au douaire constitué par leur aïeul ; en effet, ces enfants prennent le douaire dû à leur père « ut liberi, non ut heredes patris », le fils représente le père quoique n'étant pas son héritier, nous dit Le Brun (1) ; « le droit de représentation ne dépend pas d'une qualité civile d'héritier ou de possesseur de biens, elle a son fondement dans la nature, qui fait une subrogation perpétuelle de la personne du fils à celle du père ; elle rend un père en la personne du fils qui lui survit. » Les petits enfants pouvaient donc avoir un douaire sur les biens de leur aïeul, même, si déjà, ils en avaient eu un sur les biens de leur père ; en effet, ils sont aptes à lui succéder (2).

C'est ce même principe qui permettait au père, en exhérédant ses enfants de les priver du douaire ; mais, il fallait pour cela une juste cause d'exhérédation (3). Bien que le douaire arrive aux enfants « *jure contractus* » on considère les biens qui le composent, comme une portion des biens du père et de son hérédité ; or, l'exclusion de l'hérédité entraînait l'exclusion du douaire ; il est vrai aussi, que le douaire tenait lieu aux enfants de légitime, et, qu'à ce titre, on n'aurait

(1) Le Brun, p. 329, livre II, chap. v, section 2, dist. 3, § 11.

(2) C'est en vertu du même principe qu'il fallait exclure du douaire toutes les personnes qui, à son ouverture n'ont plus « d'état-civil » : tels les religieux, les individus condamnés à une peine capitale. Privés de la capacité juridique de recevoir, ils étaient également écartés du douaire.

(3) Renusson, chap. vi, § 15. — Ferrière sur l'article 318 de Paris, titre xv, § 8, n° 5, tome IV, p. 767. — Voir aussi Soève, centurie 4 ch. xxvi, tome III, p. 385. Arrêt du 1er août 1668.

pas dû pouvoir les en priver. Mais, à cela, on répondait que c'était beaucoup plutôt comme enfant qu'à tout autre titre que l'enfant recevait son douaire, or, l'exhérédation retranchait l'enfant de la famille, elle devait avoir aussi pour effet de l'empêcher de prendre les biens de la famille, à quelque titre que ce fut (1). Pourtant, les enfants exhérédés par leur père avaient le droit de prendre part au douaire constitué par leur aïeul, s'ils avaient capacité pour lui succéder.

Le douaire était dû aux enfants sans différence de sexe ; le droit de masculinité n'existait pas en cette matière (2). Quant aux prérogatives de l'aîné, elles ne se rencontraient pour le douaire que dans quelques Coutumes. L'étude de cette question se rapproche plutôt de celle du partage en matière de douaire, que nous retrouverons ailleurs.

Section II. — Sous quelles conditions le douaire était-il dû.

Les enfants, par la mort de leur père, et, dans quelques cas, par l'acceptation de leur mère se trouvent donc titulaires d'un droit ; ils en sont maîtres ; mais, pour que ce droit produise un effet utile, les enfants devaient se soumettre aux obligations établies par la coutume Ces obligations, les articles 251 et 252 les fixent pour la coutume de Paris. On

---

(1) Bourjon, chap. vi, titre 13, sect. 3. Dist. 2, subd. 2.
(2) Sauf pourtant la coutume d'Etampes, art. 133.

peut les formuler comme ceci : les qualités d'héritier et
de donataire entre vifs ou à cause de mort sont res-
pectivement incompatibles avec celle de douairier.
Nous examinerons successivement ces deux inca-
pacités.

ARTICLE Ier. — *Incompatibilité des qualités de douairier et d'héritier.*

L'article 251, qui établit l'incompatibilité, le fait en
termes si formels, qu'il semble qu'il ne puisse y
avoir sur ce sujet matière à controverse. « Nul ne
peut être héritier et douairier ensemble (1) pour le
regard du douaire coutumier ou préfix » ; et l'article
250 n'est pas moins précis : « Si les enfants venant
dudit mariage ne se portent pas héritiers de leur père
et s'abstiennent de prendre sa succession, en ce cas,
ledit douaire appartient auxdits enfants purement et
simplement ». Néanmoins, les commentateurs ont
trouvé à discuter longuement ces articles.

Il importe de dire tout d'abord quelle était la raison
de cette incompatibilité. Ferrière (2) estime que le
douaire se prend *jure contractus,* soit en vertu de la
loi municipale, soit en vertu de la convention des
parties, au jour du mariage ; de sorte que les enfants,
qui préfèrent le douaire, sont réputés créanciers de
leur père dès le jour du mariage, et, comme tels, préférés à tous autres créanciers, même hypothécaires,

(1) Cf. Loysel, titre III, livre I, règle 30.
(2) Ferrière, sur l'art. 251 de Paris, Glose uniq., tome III, p. 789, —
et aussi Brodeau sur Louet, tome I, p. 484, lettre D, ch. XLIV.

postérieurs au mariage de leur père. Or, la qualité
d'héritier que prend un successible, en acceptant la
successipon de son auteur, a pour effet de confondre
les deux patrimoines, de confondre, en la personne
de l'héritier, tous les droits, mais aussi toutes les
obligations du défunt, de le rendre par conséquent
créancier de ses créanciers, débiteur de ses débiteurs,
de le mettre donc dans l'obligation de se payer lui-
même sa propre dette. Il doit les dettes de son père,
comme étant son héritier ; son douaire constitue une
de ces dettes ; il ne peut pas être débiteur de son
douaire envers lui-même ; les qualités de créancier
et de débiteur ne sauraient exister, en même temps
chez une même personne ; on ne peut pas être son
propre créancier et son propre débiteur, sans que
ces qualités se détruisent ; il faut donc, pour posséder l'une de ces qualités, avoir renoncé à l'autre (1).
Cette raison est péremptoire.

Pothier (2) en donne cependant une autre. S'inspi-
rant d'une note de Dumoulin sur l'article 178 de la
Coutume de Senlis et d'un arrêt fameux de 1515,
Vigilia natalis Domini, il pense que les enfants, qui
succèdent à leur père, ne peuvent pas être avantagés
par lui ; qu'à part le droit d'aînesse, tous les autres
avantages, qu'ils découlent du bienfait de la loi ou
de la munificence paternelle, il faut les rappporter.
Or, le douaire est une de ces libéralités ; le cumul

(1) Voir Charondas le Caron. *Sur la Cout. de Paris*, sur les articles
250 à 254, titre XI.
(2) Pothier. *Du Douaire*, 2ᵉ partie, chap. iv, sect. 2, nᵒ 350.

des deux qualités de donataire ou d'héritier avec celle de douairier est donc impossible. Remarquons avec Pothier que cette raison n'a aucune valeur, quand il n'y a qu'un seul enfant; il a droit à tous les biens de son père, peu importe le titre auquel il les prend. Aussi, nous contenterons-nous de l'idée de Ferrière, qui est tout à fait essentielle.

Le cumul des qualités étant impossible, il fallait nécessairement que l'enfant, qui avait le choix entre l'une et l'autre, s'arrêtât à l'une ou à l'autre détermination. La question pouvait souvent être pour lui très embarrassante. S'il acceptait le douaire, il était assuré, sans doute, d'avoir une partie des biens, d'avoir cette partie tout à fait intacte, libre de toutes dettes postérieures au mariage. Son hypothèque existe dès ce jour, de sorte qu'il est certain de ne pas être inquiété par les créanciers postérieurs ; il peut aussi revendiquer les héritages sujets à douaire qui auraient été aliénés depuis le mariage ; enfin, si des créanciers antérieurs au mariage le poursuivent, ce n'est que comme détenteur, car il n'est pas tenu personnellement de la dette et il peut se retourner contre la succession ; en un mot, il est à peu près certain d'avoir quelque chose.

Au contraire, s'il choisissait la succession, il courrait de sérieux aléas. Il pouvait avoir affaire à des frères ou sœurs, qui lui réclameraient leur douaire, à tous les créanciers de son père qui solliciteraient leur paiement et, parmi ceux-ci, il pouvait s'en trouver dont il ignorait l'existence, au jour où il avait accepté la succession. Mais aussi, la succession pouvait se trouver beaucoup plus forte qu'il ne l'avait cru d'abord, les dettes moins élevées qu'il ne le soupçonnait, de sorte, qu'en fait, la situation était très délicate. Le meilleur parti qu'un successible avait à prendre, c'était semble-t-il, de n'accepter la succession que sous bénéfice d'inventaire, quitte à la répudier plus tard, s'il la trouvait mauvaise, pour se tenir exclusivement au douaire, Il reste à savoir si ce moyen terme était admis. Sur cette question, la doctrine et la jurisprudence ont grandement discuté, et, on remarque tout un mouvement d'opinion qu'on peut à peu près suivre.

Les partisans de la plus ancienne jurisprudence (1) partaient de ce principe que le mot héritier est général et indivisible, qu'il se réfère et s'adapte tant à l'héritier pur et simple qu'à l'héritier bénéficiaire. La Coutume, dans les articles où elle parle du cumul des qualités, n'a fait aucune distinction ; elle n'a pas permis le cumul à l'héritier pur et simple, pas plus qu'à l'héritier bénéficiaire ; on ne saurait pas être plus libéral que la Coutume ne s'est montrée.

(1) Voir Bacquet. *Droit de Justice*, chap. xv, § 31 à 34.

Charondas le Caron, sur la *Cout. de Paris*, sous les art. 250 à 254, titre xi, il cite les arrêts des 9 juin 1565, 20 août 1569, 9 avril 1597.

Ferrière sur l'art. 251, Glose unique, tome III, p. 789 et suivantes, avec les mêmes arrêts, et un arrêt solennel du 7 mars 1653 de la Grande Chambre. La cause fut appointée.

Renusson indique cette opinion, il rapporte aussi les arrêts de 1545, 1570 et 1591 (Cf. aussi Leprestre, 2 centurie, ch. lxxii). Renusson remarque qu'aucun des arrêts rapportés ne dit si c'est entre enfants que le procès s'élevait, ou si, au contraire, la question était agitée entre les enfants d'une part, et les créanciers du père, d'autre part.

« Semel hœres, semper hœres » ; tel est le principe : la qualité d'héritier ne peut être modifiée une fois qu'elle a été prise. Quelle différence y a-t-il d'ailleurs, entre l'héritier bénéficiaire et l'héritier pur et simple ? Le second est tenu de toutes les dettes de la succession, indéfiniment, même *ultra vires hereditatis:* le bénéficiaire, au contraire, n'est tenu qu'*intra vires* jusqu'à concurrence des biens héréditaires. Voilà la seule différence. Quant à la qualité d'héritier, elle persiste en sa personne, malgré le bénéfice d'inventaire. Une fois donc qu'il l'a prise, il ne peut plus la répudier. Au jour de l'ouverture du douaire, il avait une option à exercer, il se trouvait dans une alternative : être héritier ou être douairier ; il a choisi ; il a usé de la faculté que lui était accordée, il ne peut plus revenir sur son choix.

Cette première opinion, qui refuse à l'héritier bénéficiaire de pouvoir, une fois la succession acceptée, changer les résultats de son acceptation, semble avoir été jadis tout à fait en honneur. Bacquet Renusson, Ferrière (1) nous rapportent des arrêts en ce sens ; mais, on ne sait pas si les contestations tranchées par ces arrêts, s'étaient élevées entre les enfants du même père, ou si, au contraire, la question

(1) Outre les indications citées plus haut, voir encore Bouvot, *Cout. de Bourgogne* conférées avec d'autres, au tome II.

Au *Journal des Audiences*, tome IV, livre IV, chap. xi, au cours d'un arrêt du 20 avril 1682, à la page 344, il est cité un arrêt de la 1ʳᵉ chambre des enquêtes du 7 juillet 1674, qui décide que l'enfant qui a accepté la succession sous bénéfice d'inventaire ne peut plus demander le douaire.

s'était agitée entre les enfants et les créanciers du père. Cependant, il est probable, étant donnée la façon dont parlent les auteurs que la question ñ'était pas une pure opinion de théoriciens, mais que pratiquement elle avait été admise.

Une seconde opinion faisait une distinction : la contestation peut avoir lieu entre frères et sœurs du douairier ; elle peut aussi avoir lieu entre lui et les créanciers de la succession. Entre enfants, le cumul des qualités est impossible ; l'une exclut l'autre ; et, le caractère bénéficiaire de l'acceptation ne saurait modifier cette acceptation. L'héritier bénéficiaire est héritier, il doit le rapport comme tous les autres héritiers, la qualité de bénéficiaire ne saurait le décharger de cette obligation. L'acceptation bénéficiaire empêche donc celui qui a accepté de cette façon, et qui renoncerait ensuite, de demander sa part au douaire. Quant aux créanciers, il faut remarquer que leur seul droit, c'est d'être en présence des biens qui constituent l'hérédité ; or, l'héritier bénéficiaire a droit de mettre fin aux poursuites des créanciers en leur rendant compte des biens trouvés dans la succession au jour du décès du père, et dont il a fait inventaire. Du jour où il rend aux créanciers un compte fidèle et exact, qu'il leur donne tous les biens de l'hérédité, il est naturel que celui qui a pris la qualité d'héritier bénéficiaire, puisse, en répudiant la succession, se tenir au douaire, et garder un droit qu'il avait au décès de son père.

C'est surtout Bourjon (1), qui défend cette opinion ;
il estime que les lettres d'inventaire élèvent un mur
de séparation entre les deux patrimoines du défunt
et de l'héritier ; aussi, en rendant compte aux créanciers, l'héritier bénéficiaire peut revendiquer sa
part au douaire, et exercer ses droits et actions pour
obtenir ce douaire. Il faut cependant remarquer que
les termes employés par la coutume sont des plus
généraux, qu'il n'y est nullement fait allusion à une
distinction quelconque entre le bénéficiaire, qui est
en présence d'un douairier, et celui qui est en présence d'un créancier. L'article 251 est formel :
« nul ne peut être héritier et douairier », il semble,
qu'en tous cas, ces deux qualités sont incompatibles.
Néanmoins, il faut noter, dans cette opinion, que le
principal effet du bénéfice d'inventaire, c'est de laisser
à l'héritier tous les droits et toutes les créances qu'il
avait sur la succession ; or, le douaire est une
créance, pourquoi ne suivrait-elle pas la règle
générale ?

La jurisprudence, qui, longtemps, avait admis la
première opinion que nous avons indiquée, devait se
modifier en faveur de la seconde. Montholon (2),
après avoir posé le principe que la qualité de bénéficiaire ne saurait pas transformer l'acceptation faite

(1) Bourjon, titre 13, chap. ix, sect. 3.

Egalement Duplessis, chap. iv, sect. 1, tome I, p. 250, et observations de M. X... dans Ferrière à la suite de l'art. 251, § 4 et suiv.

Voir Valin, *Cout. de la Rochelle*, tome II, sur l'art. 45, § 72 et
suivants.

(2) Montholon. Arrêts, sur l'art. 66, p. 136 et suiv.

par un héritier, et, après avoir dit que tous les
arrêts sont en ce sens, cite pourtant un arrêt de
Pâques, 1592, dans lequel la cour adjugea à des
enfants, qui avaient obtenu des lettres de rescision,
leur douaire, malgré qu'ils avaient pris la qualité
d'héritier bénéficiaire ; il est vrai, ajoute Motholon,
« qu'il s'agissait contre les créanciers ». C'est le germe
de la distinction, qui devait être admise dans la
suite. Ferrière cite un autre arrêt du 7 mars 1653,
sur la même question ; la cause, dit-il, fut appointée ;
mais, il ne nous apprend pas quelle fut la solution
adoptée à la suite de l'enquète par turbe. Ce même
arrêt est rapporté par Soève (1) et cet auteur estime
encore que la règle « semel hæres, semper hæres ».
doit être formelle. Mais, Argou (2) pense autrement.
Pour lui, la distinction faite par la jurisprudence est
très juste. Sans doute, vis-à-vis des autres enfants,
héritiers, donateurs ou légataires, l'acceptation bénéficiaire produit l'effet d'une acceptation pure et
simple, mais, vis-à-vis des créanciers, la renonciation
des enfants doit être admise par une raison d'équité,
qui « est cependant contraire à la rigueur du droit
qui veut que celui qui s'est porté héritier ne puisse
jamais cesser de l'être ».

La question fit, paraît-il, l'objet d'un arrêt de
règlement, à ce que nous apprennent Guyot (3),

<hr>

(1) Soève. *Recueil de plusieurs questions notables*, ch. xx, p. 368.
(2) Argou. *Œuvres*, tome II, p. 135.
(3) Guyot. Répertoire. *Verbo : Douaire*, p. 341.

Valin (1) et Guy Rousseaud dé la Combe (2). Cet
arrêt serait du 23 février 1702. Augeard (3) ne nous
dit pas que ce fut un arrêt de règlement. Remarquons, d'ailleurs que ce n'est qu'incidemment que
cet arrêt a tranché la question relative aux créanciers; le débat, avait lieu entre deux sœurs, qui
avaient joui sous bénéfice d'inventaire des biens
de la succession de leur père, pendant dix ans ; ce
temps écoulé, l'une voulait renoncer pour avoir son
douaire. L'avocat général rappela qu'en France, en
présence d'une succession, on a trois alternatives :
renoncer à tout, renoncer en gardant le douaire, ou
accepter bénéficiairement. Dans ce dernier cas, on a
trois mois pour faire inventaire, quarante jours
pour délibérer. Mais, après qu'on a choisi, l'option
ne peut plus être modifiée, la qualité d'héritier est
inhérente à la personne, elle ne peut plus s'effacer,
elle est indélébile. D'ailleurs, et, c'est de là qu'on
tire les conséquences, qui nous intéressent, le bénéfice d'inventaire n'est fait pour les héritiers, que
contre les seuls créanciers, de peur, que n'étant pas
instruits de l'état de la succession, ils ne soient
trompés et ruinés entièrement; mais, nullement
contre les co-héritiers, pour qui la faveur doit être
égale entre tous.

(1) Valin. *Cout. de la Rochelle*, au cours d'un long arrêt de la
4ᵉ Chambre des Enquêtes, du 24 mars 1750, au tome II, sur l'art. 45,
p. 522 et suiv.

(2) Guy Rousseaud de la Combe, *Verbo : héritier*, p. 342, § 13.

(3) Augeard, tome I, ch. 198, p. 649. Voir *Journal des Audiences*,
tome V, 2ᵉ partie, page 187, livre II, ch. XII.

Cette jurisprudence continua à être admise : Guyot nous rapporte plusieurs arrêts formels, notamment du 4 mars 1750 et 27 mars 1767. Ce dernier arrêt déclarait même, qu'il n'y avait plus besoin de lettres de rescision.

Une troisième opinion, qui semble ne pas avoir eu beaucoup d'adeptes et que Renusson nous rapporte seul, consiste à donner à l'acceptation bénéficiaire le résultat que nous lui donnerions aujourd'hui. Cette institution est faite pour les héritiers présomptifs. Au jour où la succession leur arrive, ils ignorent quelle va être sa valeur ; craignant d'avoir tôt ou tard à regretter un engagement qu'ils ne peuvent pas prendre en connaissance de cause, ils ont recours à l'acceptation bénéficiaire, Elle leur donne, sans doute, la qualité d'héritier, mais sans leur porter aucun préjudice au sujet des droits qu'ils peuvent avoir de leur chef sur l'hérédité ; si la succession est bonne, ils resteront héritiers ; sinon, ils renonceront, tout en conservant leurs autres droits sur l'hérédité. Donc, la qualité d'héritier bénéficiaire ne peut pas exclure celle de douairier ; on ne peut sans doute pas être douairier et héritier ; mais, cela ne veut pas dire qu'on ne puisse pas, après avoir fait inventaire et avoir connu la succession, renoncer à l'une des deux qualités pour l'autre.

Cette opinion, que nous admettrions, à l'heure actuelle, était tout-à-fait ignorée de la jurisprudence ancienne. Nous n'avons, en effet, trouvé aucun arrêt, où il en soit question ; mais, Renusson (1), à qui

(1) Renusson, *Du douaire,* ch. ix, p. 201 et suiv.

répugne de faire la distinction entre les créanciers et les cohéritiers, distinction, qui n'a jamais existé dans les textes, conclut, cependant, en faveur de cette idée. Il rappelle que le bénéfice d'inventaire a été fait pour permettre aux successibles de délibérer à leur aise avant de s'engager et de se causer un préjudice. C'était là le but primitif de l'institution romaine, qui a passé dans nos coutumes; il faut donc, comme à Rome, considérer l'héritier bénéficiaire comme simple dépositaire de l'hérédité; pendant tout le temps qu'il fait inventaire, l'hérédité reste ce qu'elle est, sans s'augmenter ni diminuer. Si donc, le successible, qui a accepté bénéficiairement peut répudier plus tard cette succession, pourquoi, s'il n'a causé aucun préjudice à sa créance de douairier, en acceptant bénéficiairement, pourquoi, s'il n'a pas mêlé ses biens à ceux de l'hérédité, lui refuser, quand il abandonne cette dernière, le droit de se tenir au douaire. C'est, d'ailleurs, en ce sens, d'après Renusson, qu'aurait voulu s'exprimer la coutume de Paris. Il est regrettable qu'elle ne se soit pas mieux fait comprendre, ou que la jurisprudence ne l'ait pas inprêtée, comme on aurait pu le souhaiter.

ARTICLE II. — *Incompatibilité des qualités de douairier et de donataire.*

Le douaire est une espèce de légitime, créée par la convention des parties ou par la loi municipale, afin d'assurer aux enfants, sur les biens de leur père, certaines ressources, qui les empêcheront, suivant les expressions des auteurs d'être « gueux et vagabonds » quand leur père aurait été riche. Or, en matière successorale, toutes les donations faites par un père à ses enfants s'imputent sur la légitime, quand les enfants acceptent la succession. Le douaire tient lieu de légitime, toutes les donations faites par le père doivent également s'imputer sur le douaire.

Aussi, les Coutumes (1), et notamment celle de Paris, en l'article 252, obligent celui qui veut avoir le douaire, à restituer et à rendre ce qu'il a reçu en mariage, ainsi que tous les autres avantages obtenus de son père, ou à moins prendre sur le douaire. Quoique le douaire soit assimilé à la légitime, par conséquent à un droit successoral, ce n'est pas comme héritiers que les enfants prennent leur douaire, mais comme créanciers. A ce titre, ils ne peuvent recevoir plus que ce qui leur est dû ; aussi, si durant la vie de leur père, on leur a donné des meubles, des immeubles, en un mot, des valeurs quelconques, ces valeurs sont entrées en ligne de compte pour diminuer ou éteindre complètement la créance qu'ils pouvaient avoir comme douairiers.

Pothier (2) fait remarquer que cette règle est

----

(1) Cf. Loysel, titre III, livre I, règles 31 et 32. De même Bouvot, *Cout. de Bourgogne*, conférées avec les autres sur l'art. 250 de la *Cout. de Paris*.

(2) Pothier. *Du Douaire*, 2ᵉ partie, chap. ɪv, sect. II, nᵒ 353 ; mais il ne parle que pour la Coutume de Paris. Voir plus loin pour les coutumes de prélegs.

d'ordre public. Aussi, la clause, dans une donation
faite par un père à l'un de ses enfants, que cet enfant
ne serait pas obligé d'imputer sur son douaire les
choses données, ne serait pas valable, du moins à
l'égard des autres enfants héritiers et des créanciers
antérieurs à la donation. Pour les créanciers postérieurs, ils savaient qu'ils ne pouvaient pas compter
sur les biens, dont celui, avec qui ils ont contracté,
avait déjà disposé ; ils ne pouvaient donc pas con-
tester la clause qui accompagnait la donation ni
demander l'imputation au douaire. Seul, Pothier
nous donne cette opinion.

Les enfants héritiers pouvaient toujours demander
le rapport des donations faites à leur frère douairier.
La coutume, en effet, a voulu l'égalité entre enfants ;
le douaire n'est, en somme, qu'une partie de la succession paternelle, il remplace même cette succession ; or, en matière successorale, l'incompatibilité
existe, pourquoi n'existerait-elle pas là où le douaire
tient lieu de part successorale ? La loi ne peut pas
vouloir que l'un soit plus avantagé que l'autre, que
les héritiers n'aient rien et les douairiers tout. Les
héritiers, d'ailleurs, étaient intéressés à augmenter
la succession qu'ils partagent ensemble ; ils sup-
portent toutes les charges de la succession, il est
juste qu'ils aient quelque compensation. Ce rapport
que doivent faire les douairiers est une de ces com-
pensations en faveur des héritiers, puisqu'ils
retrouveront dans la succession, soit le don qu'a reçu
le douairier, soit la part qu'il aurait prise dans la

masse, s'il n'avait pas dû rapporter ou moins prendre.

L'incompatibilité des qualités de douairier et de donataire était fondée, nous le savons, sur l'idée d'égalité que les coutumes voulaient voir exister entre les enfants, au sujet des biens composant la succession paternelle.

Au point de vue successoral, les coutumes étaient ou d'égalité parfaite, ou d'option, ou de prélegs. Dans les coutumes d'égalité parfaite (1), c'est à-dire celles où l'héritier ne pouvait même pas garder à titre de legs ou de donation l'équivalent de sa part héréditaire, en renonçant au reste ; dans ces coutumes où le seul fait d'avoir une vocation héréditaire à une succession, écartait toute possibilité de recevoir un don ou un legs de la personne à la succession de laquelle on avait cette vocation, la règle de l'incompatibilité des qualités de douairier et de donataire était une exception aux principes généraux (2).

Elle était au contraire, conforme à ces principes dans les Coutumes d'option (3) ; c'est-à-dire dans

---

(1) *Cout. du Maine*, 349. B. d. R, t. IV, p. 501. — *Anjou*, 320-334, B. d. R. IV, p. 563. — *Touraine*, art. 233, 302 B. d. R. IV, p. 662. — *Normandie*, 431-434. B. d. R. IV, p. 82. Mais toutes les Coutumes d'égalité parfaite n'étaient pas aussi sévères ; l'héritier renonçant pouvait garder le legs ou la donation jusqu'à concurrence de sa part héréditaire.

(2) La rigueur des principes de la règle de l'incompatibité aurait voulu que dans les coutumes d'égalité parfaite, on ne puisse pas garder ce qui avait fait l'objet de la donation, quand on avait une vocation éventuelle au douaire. — Ces Coutumes tout à fait strictes étaient très rares et très mal vues.

(3) Les cout. d'option étaient assez répandues. Par exemple Paris, 303-304 B. d. R, t. 3, p. 5. — Orléans, 286, B. d. R, t. 3, p. 796. — Troyes, art. 113, t. 3, p. 248.

celles où le cumul était interdit, mais où le successible avait le droit de choisir entre la dévolution
naturelle des biens et la libéralité qui lui était faite.

Mais, fallait-il encore admettre la règle de l'incompatibilité dans les Coutumes dites de prélegs (1) ou de
compatibilité ? Chez ces dernières, en effet, l'héritier
pouvait garder le don ou le legs, même s'il venait à
la succession et s'il l'acceptait. Sans doute, le douairier n'est pas un héritier ; mais, comme il tient la
place d'un héritier, que le douaire se compose d'une
part de la masse successorale, n'y avait-il pas lieu
d'appliquer ici les règles des successions et de permettre le cumul des qualités de douairier et de donataire ? Il nous semble que cette solution est la plus
rationnelle.

Pourquoi l'incompatibilité a-t-elle été créée ? Pour
établir l'égalité entre les enfants, quel que soit le
titre en vertu duquel ils se présentent pour obtenir
une part quelconque de la masse successorale. Du
moment que cette égalité peut être rompue, par un
moyen quelconque, il n'est plus nécessaire de maintenir la règle, qui l'établissait, et c'est pourquoi,

(1) Plusieurs groupes :

A) Compatibilité, si le legs porte sur un meuble ou un acquet. —
Poitou, La Rochelle, Reims quoiqu'on en ait dit.

B) Compatibilité en ligne directe, si le legs porte sur les meubles et
acquets, en ligne collatérale, même s'il porte sur des immeubles.
— Cout. de Lorraine.

C) Compatibilité à condition que les enfants aient tous eu une
libéralité, quelle qu'en soit la valeur.

D) Compatibilité absolue sauf respect de la légitime. — Berry,
Péronne, Noyon.

nous croyons que le principe de l'incompatibilité des qualités ne devait pas être respecté dans les coutumes de comptabilité.

Le droit des créanciers antérieurs au douaire se justifie également ; ils luttent « damno vitando » sans le rapport, ils ne manqueraient pas seulement de s'enrichir, ils seraient certainement appauvris. Un père pourrait impunément épuiser tout son patrimoine par des donations faites à ses enfants ; peut être même créerait-il de nouvelles dettes pour doter largement sa famille, et, au décès de ce père, au moment de la liquidation, les créanciers se verraient frustrés, non seulement de leur créance, mais encore de biens qu'ils ont contribué peut-être à faire entrer dans le patrimoine de leur débiteur ; ces biens leur échapperaient pour aller enrichir des individus bien moins intéressants qu'eux. D'un côté, il y aurait double perte : de la créance et aussi des valeurs qui la garantissaient ; d'autre part, il y aurait un gain qui ne se justifierait pas. Aussi, les créanciers ont-ils le plus grand intérêt à augmenter, autant que possible, la masse successorale ; plus il y a de biens libres, plus ils auront de chances d'être indemnisés de leur créance, c'est pourquoi ils doivent arracher aux douairiers tout ce que ceux-ci pourraient vouloir prendre indûment.

Quant aux créanciers postérieurs au mariage, Pothier ne leur reconnaît pas le droit d'exiger le rapport. Bourjon (1), qui s'étend beaucoup sur la

(1) Bourjon, titre 13, chap. xii, sect. I.

question ne semble pas avoir adopté cette manière de voir, il parle, en effet, en termes très généraux des créanciers qui, dit-il, sont primés par les douairiers. Or, des créanciers dont l'hypothèque est primée par celle des douairiers, qu'est-ce, sinon des créanciers postérieurs au mariage. Le Brun, Duplessis, Ferrière ne font pas non plus la distinction ; cependant, les raisons données par Pothier sont très justes et semblent devoir être approuvées, attendu surtout la généralité des termes employés par la coutume.

Cette généralité d'expressions a amené une autre controverse sur le point de savoir si un douairier pouvait demander le rapport à ses co-douairiers ; les avantages que les enfants héritiers ont à exiger le rapport, et que nous avons constatés, n'existent pas en faveur des co-douairiers. C'est l'avis de Bourjon (1). Le douairier n'a qu'un droit : c'est d'avoir sa part virile au douaire ; il ne peut donc demander le rapport qu'au seul cas où il y a insuffisance de biens pour qu'il soit rempli de sa part virile. Les enfants, en effet, ont droit à une légitime, le douaire leur en tient lieu, il faut donc chercher, pour savoir s'il y a lieu d'exiger le rapport, si l'enfant est nanti de sa légitime. Si oui, il ne peut pas empêcher son frère, douairier comme lui, d'avoir un avantage quelconque ; si, au contraire, il n'est pas rempli de ses droits, il peut exiger que son co-douairier rapporte une partie des biens qu'il a reçus

(1) Bourjon, titre 13, ch. xii, sect. 2.

en don, ou ne prenne au douaire que ce qui restera,
quand lui, enfant non doté, aura la part complète
qui lui revient au douaire. Le Brun (1) ne prévoit
même pas cette hypothèse; il estime, qu'en général,
le rapport n'a jamais lieu entre co-douairiers, que
c'est ainsi qu'il faut lire la coutume de Paris. Mais
Ferrière (2), qui cite cette opinion, la critique, en
disant, que de la généralité des termes, il résulte
qu'on peut très bien comprendre les douairiers dans
le rapport.

Si le rapport n'avait pas lieu entre co-douairiers, il
arriverait que des enfants douairiers n'auraient
pourtant pas de douaire. Pour cela, il suffirait au
père de donner à un enfant tous les biens sujets au
douaire; tous les autres enfants, pour éviter les dettes
et les charges qui affecteraient la succession, renonceraient tous à cette succession ; si on refusait alors le
rapport entre co-douairiers, tous les biens qui composent le douaire ayant été attribués à l'un d'entre
eux, tous les autres seraient lésés, et, quoique
douairiers, seraient privés de leur douaire. Les
motifs invoqués pour établir le rapport étaient
surtout des motifs d'équité, on voulait maintenir
l'égalité entre enfants, pourquoi ne pas la maintenir
entre enfants co-douairiers.

(1) Le Brun, p. 334, § 37.
(2) Ferrière. Sur l'art. 252. Glose unique, § 4.

CHAPITRE V

Donations faites aux enfants sujettes au rapport. Comment s'effectuait ce rapport.

SECTION I. — QUELLES DONATIONS ÉTAIENT SUJETTES AU RAPPORT.

La coutume de Paris et les autres qui l'ont reproduite, ont employé des termes très généraux pour déterminer les donations sujettes au rapport en matière de douaire. « Celui qui veut avoir le douaire doit rendre et restituer tout ce qu'il a eu et reçu en mariage, et autres avantages de son père, ou moins prendre dans le douaire. » Toutes les donations faites par le père à ses enfants, à l'occasion de leur mariage ou autrement, étaient donc sujettes à rapport.

Le père, seul maître de sa fortune, seul capable de disposer à son gré de ses biens, pouvait avoir agi seul. Dans ce cas, l'acte de donation établissant la qualité du donateur, ne devait laisser aucun doute sur son identité. Le père pouvait, tout en agissant seul, avoir donné à l'un de ses enfants un bien de la communauté. La femme, au décès de son mari, pouvait accepter ou non la communauté. Si elle acceptait, il n'y avait pas de douaire, puisque, par l'acceptation qu'elle avait faite de la communauté, elle empêchait, par cela même, l'ouverture du douaire (1). Si, au contraire, la mère renonçait à la communauté, elle répudiait la donation faite par son mari, ou du moins refusait d'y prendre part, elle lui laissait l'entière responsabilité de son acte ; et, comme dans ce cas, la donation était faite par le mari tout seul, l'enfant devait tout rapporter, ou l'objet total de cette donation était imputé sur son douaire.

Si le père, comme maître de la communauté, pouvait disposer des biens de cette communauté, il pouvait, à fortiori, user, à son gré, de ses biens propres en faveur de ses enfants. Une donation de ce genre, nous le savons, obligeait celui qui en bénéficiait, au rapport total, s'il voulait rester douairier. Mais, ici encore, si cette donation était faite conjointement par les époux, comme la femme devait indemniser son mari de la moitié de ce qu'il avait donné avec elle, qu'elle était réputée avoir contribué pour moitié à la donation, ce n'était encore que pour moitié que le rapport était dû par l'enfant (2).

____

(1) Pothier, 2° partie, chap. IV, sect. III, art. 1, § 354, a une opinion différente.

(2) Cf. Ferrière, sur l'art. 252, Glose unique, § 5, il y critique une opinion de Duplessis.

Maître de sa fortune et des biens communs, le mari avait encore, comme administrateur légal, un certain pouvoir sur les biens propres de sa femme. Cette dernière, en effet, avait besoin de son assistance pour consentir valablement une aliénation. Au cas donc où la femme accomplissait une donation d'un de ses biens personnels, en faveur de son enfant, pour savoir, si le bien donné était sujet à rapport par l'enfant douairier, il fallait considérer la qualité qu'avait prise le mari dans l'acte de donation. Y avait-il coopéré uniquement pour l'assistance et la validité à l'égard de son épouse, il n'était alors nullement donataire ; et, l'enfant, qui tenait ainsi sa libéralité de sa mère seule, était exempt de tout rapport. Le mari avait-il, au contraire, donné conjointement avec sa femme, devenu débiteur de cette dernière pour la moitié de la libéralité, il se trouvait donateur pour moitié, et c'était aussi d'une moitié que l'enfant douairier était comptable envers la succession.

Une donation conjointe de biens, appartenant les uns au père, les autres à la mère, sans aucune explication dans l'acte de donation, était réputée faite par chaque ascendant, pour les choses, qui lui appartenaient, et seules les choses, données par le père, étaient sujettes au rapport,

L'article 252 ne parle que des avantages faits par le père, il semble donc que l'aieul pouvait gratifier un de ses petits enfants, sans que celui-ci fût obligé de rapporter ou de moins prendre quand il se pré-

sentait comme douairier à la succession de son père.
Renusson (1) examine la question, et la tranche par
une distinction : L'aieul donateur n'avait-il qu'un
seul enfant, le père du petit-fils gratifié. Ce dernier,
venant à la succession de son père, et optant pour
le douaire, ne devait pas rapporter le don qu'il avait
reçu de son aieul, à l'égard de ses frères venant avec
lui à la succession de leur père. Ce don, fait au petit-
fils par l'aieul, est une chose bien distincte des biens
du père, il n'a donc pas pu entrer dans les biens de
ce père, qui forment actuellement le douaire de ses
enfants. Les autres enfants, frères ou sœurs du gratifié n'ont aucun droit pour réclamer à leur frère le
rapport de ce que l'aieul lui a donné puisque le rapport n'a lieu que pour ce qui a été donné, par le père.

La question de rapport se pose ici uniquement
entre tous les enfants du père intermédiaire ; et,
comme le bien donné n'a jamais constitué ni réellement, ni fictivement une part du patrimoine du père,
qu'il est sorti directement de celui de l'aïeul pour
entrer directement et sans fiction dans celui de son
petit-fils, comme c'est aussi au sujet du seul patrimoine du père qu'il peut être question de rapport,
le rapport ne doit pas avoir lieu.

Il en était tout autrement quand le père de l'enfant
gratifié n'était pas un enfant unique : s'il a un frère,
par exemple. Les conséquences de l'article 306 de
la Coutume (2) de Paris recevaient alors leur appli-

(1) Renusson, des douaires, ch. VIII, § 9.
  Pothier, des douaires, 2ᵉ part. ch. IV. sect. III, art. 1, § 355.
(2) Bourdot de Richebourg, t. III, p. 52.

cation. Il résulte de cet article que les donations faites au petits-fils par l'aïeul, doivent être rapportées par le père intermédiaire, qui se porte héritier de l'aïeul. Si donc le père avait acccepté la succession de l'aïeul, en vertu de la fiction établie par l'article 306, il était réputé avoir reçu lui-même de l'aïeul la donation faite par ce dernier à son petit-fils ; et, c'est pourquoi il devait en faire le rapport à ses frères, ce qu'il n'aurait pas dû faire, s'il avait été enfant unique. Mais, comme malgré le rapport, qui a été fait par le père à la succession de l'aïeul, le petit-fils garde son don, et, qu'en vertu de la fiction qui se continue, il est réputé être gratifié non plus par l'aïeul, mais par son propre père, il devra le rapport à ses frères et sœurs, petits enfants de l'aïeul, non gratifiés. La question de rapport se pose d'une part entre le père intermédiaire et ses frères ; elle se pose aussi entre le gratifié et ses frères (1).

Qu'arrivait-il quand le père intermédiaire était mort, après avoir été gratifié par son père, l'aïeul ; les petits enfants, qui se portaient douairiers de leur aïeul, devaient-ils rapporter le don fait à leur père ? Bourjon (2) veut le rapport ; car le partage du douaire de l'aïeul est réputé un partage entre enfants d'une partie de la succession de leur père ; ils prennent dans le douaire de leur aïeul la part que leur père y aurait prise ; ils doivent donc rapporter ou pré-

---

(1) Cette fiction n'est pas encore établie avec toute sa netteté dans Renusson, mais elle existe tout à fait dans Pothier.

(2) Bourjon, titre 13, ch. xii, sect. iv.

compter sur leur portion dans ce douaire une part
égale à celle, que leur père a reçue en donation de
l'aïeul, et qu'il aurait dû rapporter, lui aussi, s'il
n'était pas prédécédé. Cette part, donnée par l'aïeul
au père intermédiaire, on la répute, dit Bourjon, un
paiement anticipé ; il ne faut donc pas que les
enfants soient payés deux fois. Duplessis (1) estime
lui aussi que les petits enfants doivent rapporter ce
qui a été donné à leur père ; car ils ne viennent au
douaire que comme son représentant ; ils doivent
faire tout ce qu'aurait fait celui qu'ils représentent.

Ferrière (2) se pose aussi la question. A son avis,
la coutume n'a parlé que du rapport des choses
données par le père ; il ne faut pas l'étendre au-delà
de ses termes ; mais, il reconnaît que le fils, qui
vient à la succession de l'aïeul, y vient comme
simple représentant de son père, et à ce seul titre.
Or, le père intermédiaire aurait dû rapporter le don
que lui a fait l'aïeul, il est juste que le représentant
agisse, comme l'aurait fait celui qu'il représente ; et,
il conclut en distinguant si l'aïeul a eu ou non
plusieurs enfants. Si le père intermédiaire a été seul,
il n'y a pas lieu à rapport ; le rapport ne se produit,
en effet, qu'au cas de partage ; dans l'espèce, le père
donataire n'ayant pas de co-héritier, il ne se trouve
personne pour lui reprocher son avantage direct. Si,
au contraire, l'aïeul a eu plusieurs enfants, il faut,
au jour où la succession de cet aïeul va s'ouvrir,

(1) Duplessis. Observations sur l'article 252.
(2) Ferrière. Sur 252. Observations, de M. X***, § 3.

rétablir l'égalité entre les enfants; or, parmi les co-partageants, il y a des petits fils qui représentent leur père prédécédé. Ce père, qui a été gratifié, s'il avait été vivant, aurait dû rapporter la donation, qui lui a été faite par l'aïeul; le petit fils, qui représente son père, doit agir comme celui-ci aurait agi lui-même (1).

Nous savons donc qu'en vertu de l'article 306 de la coutume, tout ce qui a été donné par un aïeul à ses petits enfants, était sujet au rapport, quand le père intermédiaire avait accepté la succession de l'aïeul. Nous avons déduit de là que tout ce qui est donné par l'aïeul aux enfants de son fils, était censé donné à ce fils lui-même, qu'il devait donc rapporter ou moins prendre. Bourjon (2) veut qu'il en soit ainsi, car le rapport doit se régler d'après des principes analogues à ceux d'une succession directe; mais, il croit que la faveur du douaire ne doit pas souffrir cependant de la rigueur des principes, aussi, permet-il, que cette dernière table de naufrage qu'est le douaire, parvienne malgré tout, à ceux à qui la coutume veut le voir parvenir; et, il accorde au père une action contre son fils donataire pour l'obliger à l'indemniser de ce rapport. Cette action est absolument indépendante de l'action hypothécaire que le père pouvait avoir contre son fils, au cas où la chose donnée par l'aïeul eût été un immeuble sujet au douaire. C'est une action personnelle fondée

(1) Pothier, II° partie, art. 356, 357.
(2) Bourjon, titre XIII, chap. XII, sect. IV.

sur ce principe que celui qui a établi un douaire,
ne peut y porter atteinte de quelque façon que ce
soit.

Le Brun (1) estime lui aussi qu'il y aurait injustice
pour un aïeul à combler un de ses petits enfants
d'une foule d'objets mobiliers, d'argent, etc, alors
qu'il sait que le père de cet enfant aura un douaire
considérable, sur lequel dès l'instant où l'aïeul fait la
donation, le fils a déjà des espérances. Aussi exige-
t-il le rapport. Quant à Duplessis (2), il trouve la
question ambiguë : le douaire n'est pas une succession ; on acquiert une succession par libéralité, et
le douaire est une dette. Or, le créancier doit seul
être payé de ce qui lui est dû ; on ne peut pas
s'acquitter envers le père, en payant le fils. L'aïeul,
en se mariant, est débiteur, dès le jour de son mariage,
de certaines sommes envers son fils ; il ne peut se
libérer qu'entre ses mains, à moins que le fils n'ait
consenti que le petit-fils fût payé à sa place, ce qui
n'est pas le cas. Ce que veut la loi, c'est que les
enfants aient un douaire ; que leur père ne puisse
pas les en frustrer, que même, en comblant ses
petits enfants, il ne lui soit plus possible de se
dégager de l'obligation qu'il a contractée en se
mariant. Or, si le père devait, dans le douaire de
l'aïeul, rapporter ou moins prendre pour une part
égale à celle dont cet aïeul avait gratifié les petits
enfants, le père serait dans un état d'infériorité

(1) Le Brun, p. 334 § 39.
(2) Duplessis sur l'article 252, Observations. Sect, 3.

absolue, il serait indûment dépouillé et perdrait une créance, à laquelle il avait tout droit.

Le douaire, d'ailleurs est une légitime ; or, il est admis partout qu'on ne peut pas diminuer la légitime de ses enfants, ni la charger d'une façon quelconque. La coutume, enfin, n'a pas voulu le rapport des biens donnés aux petits enfants, puisqu'elle oblige le douairier à rapporter seulement ce qui lui a été donné à lui-même, sans ajouter aucun commentaire. Cependant, continue Duplessis, on admettait le rapport : « Donatum filio videtur donatum patri. » Nous avons vu comment par l'article 306, on aboutissait à ce résultat.

Des termes généraux de l'article 252, nous avons conclu que toutes les donations étaient sujettes au rapport, quand elles avaient été faites par le père. Il n'y avait donc pas lieu de distinguer entre telle ou telle catégorie de biens, meubles, immeubles, offices, etc. Cependant, pour les donations à titre onéreux, il en était autrement. Elles n'étaient sujettes au rapport que pour la part pour laquelle elles constituaient une libéralité. D'autres donations étaient plutôt considérées comme l'acquittement d'une dette naturelle que comme des donations véritables. Pothier nous apprend, à ce sujet, qu'on appliquait les règles de la coutume d'Orléans, qui formaient, dit-il, le droit commun de la France.

L'article 309 de cette coutume parle « des nourritures, entretenements, instruction et apprentissage

des enfants (1) ». Ces mots méritent quelqu'explication. Les parents, en effet, qui, au lieu de donner une
dot, s'engageaient à fournir « des nourritures » à leurs
enfants n'accomplissaient pas et n'avaient pas l'intention d'accomplir par là l'obligation alimentaire ;
ils faisaient une libéralité qui était sujette à rapport (2).
Les frais d'instruction, d'éducation, d'apprentissage
des enfants étaient considérés au contraire, comme
résultant de l'obligation, qui incombe au père
d'élever ses enfants, et non comme une donation
faite en leur faveur (3). Cependant, Pothier fait
remarquer que si les frais d'apprentissage ne sont
pas imputables sur le douaire, au contraire, les frais
de maîtrise faits par le père, pour l'établissement de
ses enfants doivent être imputés : ce qui prouve que
si le père est tenu, comme père, de faire donner à ses
enfants une instruction et une éducation ordinaires,
il n'est pas tenu de leur acheter une charge ; et, les

(1) Bourdot de Richebourg, t. 3, p. 797. « Les nourritures, entretenements, instructions et apprentissages des enfants, ny les fruits de la
chose donnée par le père ou mère, ayeul ou ayeule, soit héritage ou
rente, ne se rapportent. »

(2) Tel était aussi le legs d'une pension alimentaire ou l'obligation
que contractait gratuitement un aïeul, qui s'engageait à prendre chez
lui ses petits enfants. Au sujet des habits de noce, trousseaux, joyaux,
etc., ce sont des choses qui sont réputées faire partie de la dot, et
qui, par conséquent, devaient s'imputer sur le douaire. Pothier (du
douaire, II° partie, chap. iv, sect. 3, art. 1, n° 360) estime que pour les
frais de festin et noce, il n'y a pas lieu à l'imputation, car « l'enfant
n'en a pas profité. »

(3) La coutume de Reims, art. 322 (Bourdot de Richebourg, tome II,
p. 512), dispensait du rapport les frais de licence en droit, mais pas
ceux du doctorat « jusqu'au degré de licence inclusivement. »

frais faits dans ce but sont une véritable donation, un avancement sur sa succession.

Le rapport était dû, à partir du jour où s'ouvrait le douaire. C'était, dès ce jour, qu'étaient dus, par le fils douairier, les intérêts et les fruits de ce qui faisait l'objet de son don. Pour tout ce qui a été perçu auparavant, il n'en doit pas compte, puisque jusqu'à cette époque, il ignorait s'il garderait la qualité de douairier et même s'il aurait jamais pu avoir cette qualité. Du jour du décès de son père, il est comptable envers la succession, non seulement du principal de la donation, mais encore de tous les fruits et intérêts perçus dès ce moment, comme aussi la succession est comptable envers lui des intérêts et fruits des biens sur lesquels il prendra son douaire. Cette solution, très équitable n'était pas admise par Duplessis (1). Il reconnaît que l'ouverture du douaire est le point de départ des rapports, sans quoi, il arriverait que les fruits du don et du douaire courraient en même temps et sans diminution contre les créanciers et à leur détriment. Cependant, il estime, qu'au cas où la mère survivait à son mari, et jouissait, par conséquent, comme douairière des biens qui formaient la propriété de ses enfants, les enfants devaient jusqu'à sa mort, continuer à jouir des fruits et intérêts de la donation qu'ils ont reçue.

La mère, en effet, et sans cela son douaire serait illusoire, jouit sans contredit, des biens, qui forment le douaire, dès le jour de la mort de son mari, sans

(1) Duplessis sur l'article 252, chap. IV, sect. 3.

charge ni rapport des dons faits à ses enfants, mais
les enfants doivent continuer, cependant, à jouir de
leur don. Et, comme preuve à l'appui de ses allégations, Duplessis déclare que la coutume permet aux
enfants de faire ce rapport, soit en nature, soit en
moins prenant. Si elle leur permet d'effectuer le rapport en prenant moins, c'est donc seulement du jour
où ils prennent, où ils commencent à jouir, qu'ils doivent rapporter les intérêts de la donation ; jusque-là,
ces intérêts et fruits leur tiennent lieu de nourriture.
Mais, Duplessis se condamne lui-même ; car, au
cours de son argumentation, il reconnaît que cela
produira deux jouissances contre la succession :
celle du douaire et celle du don ; que cela produira
une inégalité entre les enfants douairiers, et, il
semble oublier que le principe sur lequel toute cette
théorie du rapport est construite, est précisément
celui de l'égalité entre enfants, si vivement recher-
chée par les coutumes ; que c'est cette égalité, voulue
à tout prix, qui a surtout fait établir les incompati-
bilités entre la qualité de douairier et celles de donataire et d'héritier.

Aussi, Duplessis est seul de son avis. De plus, du
moment où il reconnaît que le douaire s'ouvre au
décès du père, il doit admettre que c'est à ce jour
que l'enfant est saisi ; il ne doit pas s'occuper, si
l'enfant jouit réellement des biens, qui lui adviennent, ou si son droit consiste simplement en un droit
de nue-propriété ; il est propriétaire du jour du
décès de son père, la loi lui interdit, dès ce jour, de

cumuler deux propriétés, c'est de ce jour qu'il doit abandonner l'une ou l'autre. Si l'opinion de Duplessis est peu juridique, elle est encore moins équitable. En admettant le cumul de jouissance du douaire et de la donation, il est évident qu'il y aura toujours quelqu'un de lésé : que ce soient les autres enfants, que ce soient les créanciers, il y a un préjudice qui doit se produire, il faudra bien qu'il se produise au détriment de quelqu'un, tandis qu'au contraire le « douairier-donataire » s'enrichira indûment. Ce sont là des conséquences par trop opposées à l'équité et aux principes généraux du droit pour qu'on puisse les admettre.

Remarquons, en terminant, que dans les pays où la saisine n'existait pas, en matière de douaire, c'était seulement au jour de la demande en délivrance que les effets du rapport se produisaient, autant à l'égard des donations qu'à l'égard du douaire.

Section II. — Comment se fait le rapport des choses données.

Mue par un sentiment de profonde équité et désireuse, par dessus tout, d'éviter de vaines contestations et des frais aussi dispendieux qu'inutiles pour des questions où un arrangement amiable était souvent possible, la Coutume de Paris, comme les autres que nous avons examinées, permet à l'enfant douairier de choisir entre deux moyens, qu'elle met

à sa disposition, au sujet du rapport à effectuer.
D'une part, elle autorise les douairiers à rapporter
purement et simplement l'objet qui leur avait été
attribué ; d'autre part, elle leur accorde de pouvoir
conserver cet objet, sauf à laisser dans la masse des
biens qui forment le douaire, une part égale à celle
qui a constitué leur donation.

Nous examinerons successivement ces deux
moyens de maintenir l'égalité entre successibles.

ARTICLE Ier. — *Au cas du rapport.*

Quand l'enfant douairier et donataire préfère
rendre réellement les héritages dont il a été gratifié,
une fois son choix fait entre les deux qualités, il doit
rendre les héritages en nature. Il est dans la situation d'un individu qui a été pendant quelque temps
propriétaire conditionnel, et qui, la condition s'étant
ou ne s'étant pas produite, se trouve tout à coup
privé de ce sur quoi il avait exercé sa propriété.

Propriétaire, il avait toutes les charges de la propriété, il devait donc entretenir les héritages en bon
père de famille, comme dirait aujourd'hui notre Code
civil : c'était donc après avoir fait toutes les réparations d'entretien qu'il devait rendre les biens. Les
grosses réparations étaient aussi à sa charge, à moins
de vétusté et de force majeure. Mais il pouvait
réclamer à la succession les impenses nécessaires
ou utiles qui, sans être d'entretien, avaient amélioré
l'héritage. On distinguait pourtant encore entre

celles-ci : les impenses nécessaires, celles sans
lesquelles le bien eut été sinon anéanti, du moins
fortement diminué, l'enfant a le droit de les réclamer
totalement. Son père aurait dû les faire, s'il avait
conservé le bien ; il a dû les faire aussi, il faut donc
l'en indemniser complètement. Quant aux dépenses
qui n'ont été qu'utiles, sans être indispensables, le
montant de la plus-value devait seule fixer le quantum de l'indemnité.

Le changement de la qualité de propriétaire des
biens sujets au douaire en celle de douairier pouvait
amener d'autres règlements de compte. Entre le jour
où il a reçu la donation et le jour où le douaire s'est
ouvert, l'enfant a pu, croyant dans l'avenir renoncer au
douaire pour se tenir à la donation, aliéner les biens
qui formaient cette donation. En cas d'aliénation
volontaire, comme la donation faite à l'enfant est
réputée faite en avancement successoral, qu'en la
recevant, l'enfant s'est en quelque sorte engagé à
rapporter ou à moins prendre au douaire, si ce
douaire se produit, l'enfant ne peut à lui seul changer
son obligation : c'est donc une valeur égale à celle
de l'immeuble au moment où le douaire a lieu, qui
fera l'objet du rapport et non sa valeur au jour de la
vente. Ce sont, d'ailleurs, les principes que consacre
aujourd'hui encore notre Code civil (1).

S'il y avait eu aliénation forcée, c'était simplement
la valeur reçue en échange de l'immeuble qu'il devait
rapporter, et même ne rien rapporter s'il n'avait rien

(1) L'article 860 du Code civil.

reçu. Si la donation a consisté en choses mobilières, c'est la valeur de ces choses, au jour de la donation, qui devait entrer en ligne de compte. L'acte de donation devait, comme de nos jours (1), porter l'estimation de la valeur de ces objets, et c'était cette valeur qu'il fallait admettre, à moins qu'il ne fût prouvé que l'estimation avait été frauduleuse. Si l'estimation n'avait pas été faite, Pothier nous apprend qu'on en faisait une, en prenant pour estimateurs, des personnes qui avaient connu la valeur du bien au temps de la donation.

Le rapport des offices ne pouvait, quoiqu'il s'agisse d'immeubles, se faire en nature, il eut été indécent de destituer un officier pour rapporter l'office ; on devait, dans ce cas, ou rapporter la somme que l'office valait au jour de la donation, ou imputer une valeur égale sur le douaire.

Article II. — *Au cas d'imputation.*

Si le douairier préférait moins prendre, soit qu'il ait une sympathie particulière pour les objets dont il avait été gratifié, soit qu'il ait espéré trouver un intérêt quelconque à garder certains biens, dont il pouvait prévoir par avance la prochaine augmentation de valeur, la coutume lui permettait de garder son don, mais il devait alors moins prendre au douaire.

. Comme il y avait lieu d'accomplir une opération

(1) Code civil, art. 868.

mathématique, de faire une soustraction, il fallait absolument connaître, et la valeur de la masse des biens, qui ont formé la donation, et celle des biens qui constituent le douaire. La première évaluation est facile à faire, si les biens, au jour du douaire, sont encore en possession de leur propriétaire. C'est à ce jour, en effet, que cette évaluation doit avoir lieu, puisque la donation est réputée faite comme avancement successoral. Mais, les biens pouvaient être sortis du patrimoine du donataire. Si l'aliénation a été volontaire, c'est, comme nous l'avons vu, pour le rapport, d'après la valeur des biens à l'ouverture du douaire qu'il fallait faire l'évaluation ; il faut donc les considérer tels qu'ils sont, bien que le donateur les ait abandonnés. Si l'aliénation est forcée, c'est une somme égale à celle reçue en échange de ces biens, qui sert de base à l'imputation. En somme, ce sont des principes identiques à ceux que nous avons vus pour le rapport, qu'il y a lieu d'appliquer ici pour former la masse des biens donnés.

Quant à la masse des biens sujets au douaire, elle se détermine d'après les principes que nous avons examinés en étudiant la composition du douaire. Pothier (1) désire, à juste titre, que l'estimation des héritages, tant pour le douaire que pour la donation, soit faite par les mêmes experts. De la masse des biens sujets au douaire, et de celle des biens donnés au douairier, il y avait lieu de défalquer les différentes sommes qui étaient exigibles ou qui pouvaient être

(1) Pothier. — *Du douaire*, 2ᵉ partie, § 385.

dues pour réparations, améliorations, dégradations,
etc. L'imputation se faisait alors d'après les principes
ordinaires : le douairier retranchait de la masse une
part de ces biens pour une somme égale à celle qui
lui avait été donnée, le douaire de l'enfant donataire se
trouvait ainsi réduit à la somme qui restait : l'enfant
avait moins pris.

Pothier se demande si c'était l'héritier ou le douairier, qui devait choisir les biens à retrancher du
douaire, pour arriver à la quotité normale, que prendra
effectivement le douairier. Il estime que le choix
devait appartenir à des arbitres. Il ne dit pas
comment la chose se passait pratiquement, il est
probable qu'il en était alors comme aujourd'hui ; que
les parties, d'accord, s'en remettaient à un notaire
ou à un avocat, en la loyauté duquel elles pouvaient
se fier, et qui agissait pour le mieux de leurs intérêts.

Le montant de la donation pouvait parfois excéder
celui du douaire ; il y avait alors pour le douairier
plus qu'un « lucrum cessans », il y avait un véritable
préjudice. Aussi, on se demandait s'il ne pouvait pas,
en ce cas, refuser l'imputation, abandonner complètement le douaire pour se tenir à la donation.
Quelques auteurs pensaient qu'il fallait appliquer ici
les conséquences de l'addage : « semel hæres, semper
hæres », qui était admis en droit écrit et au sujet
duquel, nous l'avons vu pour l'héritier bénéficiaire,
on ne transigeait pas. Le douairier n'était pas un
héritier ; mais ces auteurs voulaient que, par assimilation, on appliquât les mêmes principes. Si on

admet, qu'une fois la qualité d'héritier acceptée, on ne peut plus être douairier, il semble difficile qu'on puisse permettre d'abandonner la qualité de douairier pour celle de donataire. Pourquoi, dans un cas l'option serait-elle irrévocable, tandis que, dans un autre, on pourrait la modifier?

Pothier, cependant, croit que le rapport commandé par l'article 252 n'est obligatoire que pour la seule qualité d'héritier prise par un successible ; la loi municipale interdit qu'il y ait une inégalité entre les enfants d'un même père ; aussi, la qualité d'héritier, une fois prise, est indélébile ; elle rend le rapport obligatoire, car l'héritier est tenu des droits actifs et passifs de son auteur et ne peut plus s'en défaire. Pour le donataire, qui s'est porté douairier, il n'y a rien de semblable ; ce « donataire-douairier » n'est pas un héritier, mais un simple successeur ; s'il doit rapporter les donations qu'on lui a faites, c'est que la loi ne veut pas qu'un enfant ait plus que son douaire, qu'il soit avantagé au détriment d'un autre. Comme il doit rendre uniquement à cause de son douaire qu'il prend aussi sur les biens paternels, il peut même après avoir accepté la qualité de douairier, retenir tout ce qui lui a été donné et renoncer au douaire.

Ferrière (1) n'admet pas cette manière de voir ; car une fois qu'il a confirmé son droit, le donataire « non potest mutari consilium in alterius dispendium. »

(1) Ferrière sur 252, Glose unique, § 12.

CHAPITRE VI

Comment se partage le douaire des enfants, et quels enfants y font part.

Lorsque le douaire était ouvert, s'il y avait plusieurs enfants qui y avaient droit, il y avait lieu de procéder à un partage, suivant la règle générale : « concursu partes fiunt. »

Comme il ne suffisait pas d'être issu du mariage pour être douairier, qu'il fallait d'autres qualités, il se trouvait souvent des enfants, qui, n'ayant aucun droit au douaire, ne comptaient pas pour le calcul du montant des parts. Pour quelques-uns, la question ne faisait aucun doute. Tous les enfants morts avant le décès de leur père (1), c'est-à-dire avant l'ouverture du douaire, étaient réputés n'avoir jamais été vivants par rapport au douaire. Le droit, en effet, était né alors qu'ils n'existaient plus. Or, bien qu'en matière de douaire, les enfants aient un droit éventuel dès avant leur naissance, on ne comprend pas qu'ils puissent avoir un droit, quand ils n'existent plus, et, par conséquent, qu'ils puissent compter pour le

---

(1) Loysel, titre III, livre I, règles 24-26.

partage de ce droit. D'ailleurs, le douaire tient lieu de légitime, et les enfants prédécédés ne comptent pas pour la légitime. Mais, si cet enfant prédécédé a laissé lui-même des enfants, qui sont encore vivants au jour où s'ouvre le douaire, ou, qui ont eux-mêmes des descendants légitimes en ligne directe, ceux-ci compteront comme représentants de leur père.

Les enfants morts civilement, au jour du décès de leur père, nous l'avons vu, ne peuvent pas venir au douaire ; ils ne comptent pas non plus pour le partage, puisqu'ils n'ont pas la capacité civile pour être douairiers (1). Peu importe, d'ailleurs, que cette mort civile soit la conséquence d'une pénalité infamante, comme celle résultant, par exemple, d'une condamnation capitale, ou qu'elle soit la conséquence d'un acte qui entraîne avec lui retranchement de la vie civile, comme l'était alors, la profession religieuse.

De même encore, les enfants, exhérédés par leur père, etaient privés, non seulement du douaire, comme ils l'étaient de la légitime ; bien plus, retranchés de la famille par l'effet de la peine dont on avait voulu les frapper, ils étaient empêchés, par cette

____

(1) Bourjon (titre XIII, chap. IX, sect. IV) remarque que les enfants, morts civilement, sont frappés d'incapacité, quoique leur mère, morte civilement, puisse jouir du douaire ; car, pour jouir d'un droit viager, il suffit de vivre ; pour être saisi du douaire, il faut, en outre, la capacité civile, la qualité de citoyen, qui fonde la possession des biens.

Voir aussi Brodeau sur Louet. Lettre D., chap. XLIV, § 5 et 6, in fine, il rapporte un arrêt en ce sens du 27 mars 1629.

exclusion absolue, de faire nombre pour le partage du douaire (1).

Il est naturel que tous ces enfants ne fassent pas nombre (2) pour le douaire, puisqu'en réalité, ils n'auraient rien pu avoir. Non seulement, ils ne recevront pas une part effective des biens, qui constituent le douaire, mais encore, au moment de fixer les parts de ceux qui obtiendront quelque chose, on ne les prendra pas en considération. La part qu'ils auraient eue s'ils avaient survécu ou s'ils n'avaient pas été exclus, ira augmenter purement et simplement la masse du douaire, ou plutôt, ne la diminuera pas, puisque ni fictivement, ni réellement cette part n'avait jamais été distraite de la masse. Au moment où le douaire s'ouvrira, comme ces enfants ne sont pas présents, frappés qu'ils sont de mort civile ou naturelle, et qu'ils ne sont pas légalement représentés, on agira comme s'ils n'avaient jamais existé, et on procédera au partage.

Il en était tout autrement de ceux des enfants, qui avaient renoncé au douaire pour être héritiers, pour ceux, qui avaient préféré la donation au douaire, pour ceux, enfin, qui avaient renoncé à tout : héritage, don et douaire. Sans aucun doute, étant donnée la prohibition légale du cumul des qualités, il ne pouvait

(1) Voir ce qui a été dit plus haut sur l'exhérédation et aussi Duplessis, t. I, p. 254.

(2) Bacquet. *Droits de Justice* XV, § 69.

Voir aussi Charondas le Caron, sur la *Cout. de Paris*, tome I, sur le chap. XI.

être question de leur donner une part effective du douaire ; mais, on pouvait se demander s'il fallait ou non compter ces enfants pour le douaire ; si la part, qui leur serait revenue au cas où ils auraient accepté le douaire, allait augmenter la masse du douaire au profit des enfants, qui l'avaient accepté purement et simplement, ou si, au contraire, les douairiers ne recevaient, en réalité, que la part, qui eût été la leur, si tous les enfants avaient été douairiers.

Pothier (1) fait remarquer que deux coutumes (2) se sont expliquées sur la question, et que les dispositions de ces coutumes, fondées sur les principes de la matière, doivent être suivies. Tous les commentateurs (3), d'ailleurs, concluent dans le même sens, sans indiquer chaque fois les sources où ils ont puisé leurs conclusions.

Il résulte de ces constatations la règle suivante : c'est que tous les enfants, qui au jour de la mort de leur père, c'est-à-dire à l'ouverture du douaire,

---

(1) Pothier, *du douaire*, ıı⁰ partie, chap. v, n° 393.

(2) Valois, art. 110 « Aucun ne peut être héritier et douager ; mais, en acceptant la succession du père, la part et portion dudit douaire contingente audit acceptant est confuse en ladite succession, en sa personne ». Bourdot de Richebourg, t. II, p. 796. — Senlis art. 186 « Si le père va de vie à trépas, délaissez plusieurs enfants, l'un desquels renonce à la succession et accepte le douaire, et les autres se portent héritiers, celui qui a renoncé à la succession n'aura audit douaire que telle part et portion que si les autres se fussent déclarés douairiers et non héritiers. Bourdot de Richebourg, tome II, p. 723.

(3) Ferrière, tome III, p. 792 sur 251, Glose unique, § 9 et suivants. Duplessis, tome I, p. 254 et aussi 250. Bacquet. *Droits de Justice* XV, 69. Renusson, ch. vı, § 1 et suiv. Laurent Jovet, maxime 107, page 120, maxime 233, p. 148.

pouvaient légalement compter et faire nombre pour participer au douaire, font réellement nombre, quelle que soit la qualité qu'ils ont prise par la suite. De sorte que les enfants, qui se portaient douairiers, en abandonnant toutes autres qualités, n'ont, en réalité, au jour du partage, qu'une part du douaire égale à celle qu'ils auraient eue, si tous leurs frères et sœurs avaient accepté la qualité de douairiers (1).

L'enfant, qui avait accepté la succession, en la préférant au douaire, faisait aussi nombre dans le partage ; il forçait ainsi les douairiers à prendre simplement au douaire la part, qui aurait été la leur, si lui, héritier, avait été, comme eux, douairier. La part qu'il aurait dû prendre, en ce cas, retournait à la masse successorale, dont fait partie le douaire ; ou plutôt, ne sortait pas de cette masse. En effet, comme dit Ferrière (2), pour tirer une part du douaire d'entre les biens qui le composent ou qui y sont sujets, il faut avoir pris qualité : être héritier ou douairier ; tous ceux, qui demeurent héritiers, n'ont pas tiré de la succession cette partie, qui aurait formé leur douaire ; par conséquent, les douairiers ne peuvent pas prétendre que le douaire se compose de parties de la succession, qui auraient pu former le douaire, si tous les successibles avaient été douairiers, mais, qui ne l'ont pas formé, qui sont restées dans la succession, par ce fait, que quelques

____

(1) Loysel, livre I, titre III, règle 32. Argou, œuvres, tome II, p. 135 et suiv. Charondas le Caron, sur Paris, sous les art. 250-254.

(2) Ferrière, sur l'art. 251, Glose unique, § 9 et suiv.

successibles ont renoncé au douaire. Donc, la part de douaire, qui serait revenue à celui qui s'est porté héritier, s'il avait accepté ce douaire n'accroit pas aux autres douairiers, c'est donc simplement d'une part virile (1), « pro numero virorum », qu'est constituée la part de chaque douairier dans le douaire.

Le nombre des enfants, quelle que soit leur qualité, fixait la part qui revenait à chacun des douairiers ; la part de chaque douairier était, en quelque sorte, le quotient d'une division, dont le dividende est la totalité des biens sujets à douaire, et le diviseur le nombre d'enfants utilement appelés au douaire par la mort de leur père, qu'ils se portent ensuite héritiers, donataires ou qu'ils restent douairiers. Soit, par exemple, une famille de quatre enfants, deux sont douairiers, deux se tiennent à la succession ; la part que ces derniers auraient eue au douaire, s'ils l'avaient accepté, ne va pas accroître le douaire des deux douairiers. Ceux-ci n'auront, en effet, chacun que le quart de la totalité des biens, qui formaient toute la masse du douaire.

Ce que nous disons de l'enfant héritier doit s'appliquer aussi à l'enfant donataire. Si donc un père

(1) Voir Brodeau, sur Louet, t. I, p. 484. Lettre D. ch. xliv, § 2 et § 3 et § 4 in-fine ; aux § 5 et 6, il cite un arrêt en ce sens de juillet 1619.

Charondas le Caron. *Pandectes ou digestes de droit français*, livre II, chap. v, cite un arrêt du 7 août 1562, un autre du 7 sept 1581, voir aussi au tome III, dans ses mémorables observations de droit français, page 56.

a trois enfants, légalement aptes à prendre part au douaire, deux de ces enfants se portent douairiers, le troisième préfère conserver une donation dont il a été gratifié ; le douaire s'ouvre ; la part que le donataire aurait eue au douaire si, comme ses frères, il s'était tenu à la qualité de douairier, ne viendra pas accroître les parts des douairiers, ceux-ci n'auront droit qu'aux deux tiers des biens qui eussent formé le douaire, si tous avaient été douairiers ; le troisième tiers ira augmenter la masse successorale.

Ces conséquences se justifient pleinement. Elles sont fondées surtout sur le principe d'égalité que la coutume a cherché à voir exister entre tous les enfants issus d'un même mariage. Si on donnait au douairier la part de celui qui se porte héritier ou donataire, si, en un mot, l'accroissement était permis, on ferait en faveur du douairier un double emploi de ces différentes parts au préjudice des héritiers et des créanciers (1).

Ces motifs n'existaient plus quand un enfant renonçait gratuitement à la succession de son père, ainsi qu'au douaire, sans avoir cependant reçu quelque chose en place. Y avait-il donc lieu à accroissement, dans ce cas ? Le Brun (2) estime qu'il n'y a

____

(1) Bourjon, titre XIII, ch. ix, sect. 4.

(2) Le Brun, livre II, chap. v, sect. 2, dist. 2. — Telle était la jurisprudence du Parlement de Normandie. L'art. 89 du règlement du 6 avril 1666 voulait que ceux, qui renonçaient à la succession pour le douaire, aient la part qu'ils auraient eue si tous avaient été douairiers. — Pesnelle, à la fin de son *Coutumier de Normandie*, p. 25 du règlement.

pas lieu à accroissement, absolument comme si cet enfant, qui renonce à tout sans avoir rien reçu, n'avait jamais existé ; le douaire est, en effet, accordé aux enfants, en général ; .c'est une masse qui leur est attribuée comme.enfants ; et, s'ils font part, c'est .seulement leur concours à l'un quelconque des titres, qui leur fait obtenir une partie des biens paternels. Si donc quelqu'un renonce à la succession, au douaire ou à la donation et ne reçoit rien par ailleurs,. il ne concourt pas.avec les autres, il ne fait pas part avec eux, on ne peut pas dire qu'il doit compter pour une part virile, puisqu'il ne compte pour rien, qu'il renonce à tout. Tel était l'avis de Duplessis.

Ferrière (1), tout en déclarant qu'il trouve juste l'opinion de Duplessis, parce que les enfants qui sont héritiers n'ont pas sujet de se plaindre, estime qu'il y a cependant pour cela des difficultés ; en effet, on compte tous les enfants, héritiers, douairiers, donataires pour faire la part des douairiers, il faut aussi compter ceux qui sont capables d'avoir l'une ou l'autre de ces qualités, et qui ne la prennent pas. Le douaire ne doit jamais donner lieu à accroissement ; aussi, la part de ceux qui ont renoncé à tout, doit rester dans la succession.

Pothier (2) admet que le douaire est une substitution, un fideicommis légal dont la loi a chargé le père au profit des enfants à naître du mariage ; les enfants du substitué ont donc une créance contre

(1) Ferrière sur 250, Glose unique, § 15.
(2) Pothier, *Du Douaire*, II⁰ partie, ch. v, § 395.

les héritiers du grevé qui est le débiteur. Les héritiers du grevé, ce sont ou les héritiers du père ou le curateur à la succession vacante, si tous les héritiers ont renoncé à la succession ; or, en matière de substitution, les parts de ceux qui refusent les biens substitués accroissent aux autres substitués. Donc, celui qui renonce à sa part, n'est pas réputé avoir fait remise au débiteur, mais, il est réputé n'avoir jamais eu de part ; la somme totale est demeurée aux autres substitués. En matière de douaire, ce n'est pas une remise de dettes qui a été faite, en faveur de la succession paternelle qui est débitrice ; en renonçant à la part du douaire, qu'il aurait pu prétendre, l'enfant est réputé n'avoir jamais eu cette part, c'est donc comme s'il n'avait jamais existé ; il ne fait donc pas nombre pour le calcul des parts viriles, et sa part accroît la masse successorale.

Bacquet (1) estime qu'il n'y a pas accroissement, car, on présume que l'enfant renonçant a voulu laisser sa portion du douaire dans la succession de son père « pour acquitter les dettes d'iceluy, à la décharge de son âme, plutôt que sa portion de douaire accrût à ses frère et sœur, qui n'ont aucunement voulu entendre au paiement des dettes du défunt. » Bourjon (2), enfin, décidait, lui aussi, que la part de l'enfant, qui renonçait à tout devait aller, non pas aux douairiers, mais à l'héritier, les premiers ont déjà, dit-il « la grande main », il ne faut

(1) Bacquet, *Droit de Justice,* XV, 68.
(2) Bourjon, titre 13, ch. ix, sect. 4.

pas les favoriser au détriment de l'héritier, qui supporte les charges. Cette conclusion pouvait être équitable ; mais, l'équité est le seul motif, qui pouvait la faire admettre ; en effet, celui qui renonce sans bénéfice, est réputé compter ou ne pas compter ; s'il compte, il n'y a pas accroissement pour les douairiers ; s'il ne compte pas, sa part ne retourne pas plus aux héritiers qu'aux douairiers, elle retourne à la masse successorale, où chacun en profitera selon ses droits.

Le nombre des personnes appelées à prendre une part effective au douaire, une fois bien arrêté, la masse des biens chargés de douaire étant également déterminée, il y avait lieu de procéder entre douairiers au partage de la masse. Nous avons déjà dit qu'en cette matière, il n'y avait pas lieu de tenir compte du droit de masculinité (1), filles et garçons étaient également intéressants pour se voir attribuer cette « dernière table de naufrage. » C'est sans doute aussi parce que cette dernière planche de salut, dernier procédé trouvé pour garantir quelque peu les enfants du gaspillage et des déprédations paternelles, était fort en honneur, qu'on a fait exception pour elle à la règle générale, qui accordait à l'aîné des fils une part spéciale sur les biens de son père.

L'article 250 de la coutume de Paris déclare, en effet, que le douaire « se partit entre enfants sans

(1) *La Coutume d'Estampes*, art. 133 (Bourdot de Richebourg, t. III, p. 93), dit cependant « si la mère ne laisse que des filles, la moitié dudit douaire coutumier seulement, sera propre aux filles.

droit d'aînesse ni prérogative ». La généralité des coutumes admettait ce principe. Le Brun, Renusson (1) et Pothier nous disent qu'elles formaient le droit commun des coutumes muettes ; la coutume de Normandie y était pourtant opposée, de même les coutumes d'Estampes (2) et de Vallois (3). Sur cette dernière coutume Dumoulin déclare que cette prérogative du droit d'aînesse est tout à fait spéciale à cette coutume, et, qu'elle est contraire à la jurisprudence du Parlement de Paris ; cette même observation est reproduite en note sous l'article 132 de la coutume d'Estampes, et le commentateur déclare, qu'à son avis, cela a été ajouté à la suggestion d'un des commissaires, qui était de cette opinion, ou qui y avait intérêt « comme souvent s'est fait depuis le décès du bon roy Louis XII ».

Quoiqu'il en soit, la règle générale c'était que le droit d'aînesse n'existait pas en matière de douaire (4) c'était là une conséquence rationnelle des principes généraux : le droit d'aînesse ne pouvait avoir lieu que sur le fondement d'un titre universel ; c'est ainsi que les titres de légataire et donataire, qui

(1) Renusson cite un arrêt en ce sens (*Du Douaire*, chap. vi, n° 19), du 31 mars 1582 sur la cout. de Chartres. — Voir aussi Brodeau sur Louet, n° 44, p. 484 et suiv., § 41, Lettre D. « La Cour, nous dit Brodeau, avait en 1581 ordonné une enquête par turbes sur la question ».

(2) Bourdot de Richebourg, tome III, p. 93, art. 132.

(3) Vallois, art, 112. B. d. R., t. II, p. 796.

(4) Voir Ricard sur Senlis, titre 7, p. 61, art. 174-175, et aussi Bouvot. Cout. de Bourgogne, commentées avec les autres de France, sur 250, Paris, et aussi Argou, *Œuvres*, tome II, p. 135 et suiv.

sont de simples titres particuliers ne donnent pas
ouverture au droit d'aînesse. Seule la qualité d'héritier ouvre ce droit. Or, le douaire vient « jure
contractus » ; il résulte, soit de la convention particulière, soit de la loi qui a suppléé à cette convention
pour le cas où les contractants auraient pu l'oublier ;
ce n'est nullement à titre d'héritier, qu'on l'obtient,
il n'y a donc pas lieu à droit d'aînesse. En matière
de légitime, qui se prend, au contraire, à titre d'héritier, il y a droit d'aînesse (1). Le douaire était aussi
considéré comme tenant lieu d'aliments aux enfants ;
il devait donc, à ce titre, se partager sans aucune
prérogative de droit d'aînesse (2). C'était un usage
des plus anciens ; la jurisprudence était fixée, en ce
sens, à Paris, depuis 1492, date à laquelle fut rendu
le fameux arrêt de Montmorency, que tous les
auteurs citent.

Quant aux coutumes qui admettaient le droit
d'aînesse, en matière de douaire, elles considéraient
l'aîné comme un véritable héritier ; le douaire n'est
plus, chez elles, un contrat, mais une image, une
représentation de succession ; les douairiers sont
des successeurs universels dans ces coutumes, ils
sont réputés avoir une certaine catégorie de biens (3).

(1) Le Brun, p. 336, § 53. — Bacquet, *Droits de justice*, xv, 67. —
Pothier, *Du Douaire*, 2ᵉ partie, chap. v, n° 397.

(2) Renusson, *Du Douaire*, ch. vi, n° 19.

(3) Le Brun, *loco. cital*, sur cette question, voir encore Charondas
le Caron au tome II de ses œuvres : « réponses ou décisions du droit
français, confirmées par arrêts des cours souveraines de France. »
La réponse 90 au livre II et la réponse 54 au livre III, p. 85, où il
explique qu'il a changé d'opinion.

Pothier, à cause de la divergence, qui existe entre les coutumes, fait remarquer qu'il faut suivre la coutume du lieu où les héritages sont situés ; si, par exemple, il y a des biens à Paris, et à Etampes, on doit donner à l'aîné un droit d'aînesse sur les biens situés dans le ressort d'Étampes, et le lui refuser dans le ressort de Paris.

L'exclusion du droit d'aînesse, en matière de douaire, était formulée dans les termes les plus catégoriques, et sur lesquels il n'y avait pas lieu à controverse ; aussi, sommes-nous de l'avis de Duplessis que le partage se fait également entre tous les enfants, qu'il y ait ou non des fiefs ou principal manoir. Si l'aîné est héritier, le douaire se partage absolument en dehors de sa présence, on ne le considère pas comme aîné pour régler la part de chacun, et c'est pourquoi, souvent, les cadets étaient douairiers. Ce n'est qu'après avoir établi la part de chacun pour le douaire, qu'il est question du droit d'aînesse ; le droit d'aînesse était comme une sorte de légitime qu'on ne peut pas amoindrir par des donations ; or, le douaire est un contrat, le droit du douairier, c'est un droit de créance, il ne pouvait pas être sujet à retranchement, même en faveur du droit d'aînesse.

Cependant, il est certain que là où le douaire des enfants n'existait pas légalement, mais où il était simplement établi par la libéralité des parents, grâce à la bienveillance des coutumes qui ne s'opposaient pas à de semblables établissements, il est certain qu'alors le douaire était une donation pour les enfants qui en bénéficiaient ; et comme tel, il pouvait être réduit, et pouvait être atteint par le droit d'aînesse.

Au cas où le père intermédiaire était décédé, le douaire se partageait, comme dans les successions, par souche ; la réunion des petits enfants d'une même souche venait par représentation de son auteur, et ne comptait que pour une part.

CHAPITRE VII

Des actions auxquelles pouvait donner lieu le douaire des enfants et de la prescription en matière de douaire des enfants.

SECTION I. — ACTIONS AUXQUELLES POUVAIT DONNER LIEU LE DOUAIRE DES ENFANTS.

Par le fait de l'ouverture du douaire, les enfants douairiers se trouvaient dans l'indivision avec les héritiers de leur père, ou le curateur à la succession vacante, suivant que la succession avait été ou non acceptée par les enfants. Il y avait donc lieu de procéder à un partage. Les motifs, qui ont fait admettre l'article 815 de notre Code civil, existaient sous l'ancien droit ; le vieil adage de Loysel « qui a compagnon a maître » suffit seul pour nous le prouver. Examinons les particularités qui pouvaient accompagner le partage.

La mère, au cas où elle survivait à son mari, ayant un droit d'usufruit sur les biens sujets au douaire, avait un intérêt à ce que ses droits ne soient pas lésés ; elle devait donc être appelée et intervenir au partage.

A ce moment, se faisaient aussi tous les réglements de compte relatifs aux droits que les douairiers pouvaient avoir avec la succession, soit à propos du rachat de quelque rente sujette au douaire, et dont le prix avait été remboursé au père durant le mariage, soit à l'occasion de la perte de quelque bien, soit, enfin, à propos des dégradations subies par les héritages. Réciproquement, comme le dit Pothier (1), la succession pouvait « avoir aussi des raisons à faire aux douairiers. » Tout cela se réglait au moment du partage ; c'était plutôt même des actions incidentes au partage que des actions spéciales.

Il en était autrement de l'action que les enfants douairiers avaient contre les tiers détenteurs des héritages sujets à douaire, que le père avait aliénés pendant le mariage. Les héritages que le mari possédait au jour du mariage, tous ceux qu'il avait reçus depuis, par succession, donation, testament, en ligne directe ascendante, étaient, nous le savons, la propriété des enfants, au jour du mariage de leur père ; celui-ci ne pouvait ni les aliéner, ni les hypothéquer, ni charger ces biens en quelque façon que ce soit. Cependant, le père pouvait, en fait, quelquefois les avoir aliénés. Par le fait que le douaire s'est ouvert, la propriété des enfants, jusqu'à cette époque, purement conditionnelle, est devenue défi-

(1) Pothier. — *Du douaire*, 2e partie, ch. III.

nitive ; et, comme en s'accomplissant, la condition
a opéré rétroactivité, c'est au jour du mariage de
leur père que les enfants étaient réputés avoir été
propriétaires des biens sujets au douaire. Leur
propriété remontant à cette époque, les aliénations
faites par le père, durant la période intermédiaire, se
trouvaient donc avoir été faites par une personne,
qui n'était pas propriétaire ; on pouvait demander
par conséquent, l'annulation de ces aliénations, pour
moitié du moins, puisque les enfants avaient, pour
douaire, la moitié de ces biens. Nous employons à
dessein le mot annulation, car, cette vente n'était
pas nulle, mais annulable. Il y a une condition attachée à toute constitution de douaire : que les enfants
survivront à leur père, et qu'ils accepteront le
douaire. Le prédécès des enfants ou leur refus efface
cette condition, et le défaut d'accomplissement du
douaire valide la vente (1).

Seuls les enfants douairiers avaient qualité pour
demander l'annulation, puisque seuls ils étaient propriétaires de ces biens. Mais, comme le fait remarquer Pothier (2), et comme nous avons déjà eu
l'occasion de le dire, cette annulation ne pouvait
avoir lieu que si le mari n'avait pas laissé dans la
succession assez de biens sujets au douaire, pour
indemniser les douairiers de la portion qu'ils doivent
avoir dans la propriété de tous les biens sujets à
douaire. Et cela est une conséquence des principes

(1) Bourjon, titre XIII, chap. XIII, sect. I, dist. I.
(2) Pothier, 1re partie, chap. IV, art. 2, n° 190.

que nous avons admis, que le douaire ne consiste
pas dans la moitié de chacun des héritages qui y sont
sujets, mais dans la moitié de la totalité. Par conséquent, il n'y a pas atteinte portée au douaire des
enfants par les aliénations qui ont été faites par le
père, si on retrouve dans sa succession des biens
suffisants pour remplir les enfants de la part qui
leur est due. Si on n'en retrouvait pas en quantité
suffisante, il y avait lieu de revendiquer le douaire
aux tiers détenteurs.

On commençait, paraît-il, par les détenteurs des
héritages qui avaient été aliénés en dernier lieu ; on
remontait ainsi contre les détenteurs jusqu'à ce qu'on
fût arrivé à la portion qui faisait défaut pour que les
douairiers retrouvent leur douaire. On n'avait pas
de recours contre les premiers acquéreurs, et cependant les biens acquis par eux constituaient, comme
les biens acquis par les derniers acquéreurs, la
masse totale sujette au douaire (1). L'aliénation avait
pu être volontaire ou forcée. Dans ce dernier cas,
elle avait lieu le plus souvent à la suite d'une saisie
opérée à la requête des créanciers, et la vente était
suivie du *décret forcé;* le décret pouvait être fait
également après une vente amiable, il s'appelait
alors *décret volontaire* (2). L'effet du décret, vis-à-vis

(1) C'est encore le système suivi aujourd'hui par le Code civil pour
réduire les donations portant atteinte à la quotité disponible ; mais les
motifs qui ont inspiré les rédacteurs de notre Code sont tout différents. En agissant ainsi, ils ont surtout voulu faire respecter le principe de l'irrévocabilité des donations.

(2) Le *décret volontaire* est celui qui est fait par un acquéreur
pour purger les hypothèques, droits réels et servitudes qu'on peut

des biens sujets au douaire, était une question essentiellement pratique ; aussi, les auteurs ont-ils accordé de grands développements à l'étude de ces matières.

Les conséquences d'un décret volontaire étant les mêmes que celles d'un décret forcé, nous les étudierons en même temps.

Le décret pouvait d'abord être poursuivi par des créanciers antérieurs au mariage. Il est incontestable

avoir sur un bien par lui acquis. Quand on craint de ne pas avoir de sûretés suffisantes, on stipule qu'on peut faire le décret et qu'on ne paiera le prix qu'après que le décret aura été scellé sans aucune opposition. Pour parvenir au décret, on passait une obligation en brevet d'une somme exigible, au profit d'un tiers, qui en donnait de suite une contre-lettre ; et, en vertu de cette obligation, celui qui en paraissait créancier faisait saisir réellement les biens dont il s'agissait, et en poursuivait la vente par décret.

Le *décret forcé* est celui en vertu duquel les créanciers qui ont fait saisir réellement les biens de leur débiteur, les font vendre judiciairement au plus offrant et dernier enchérisseur. En latin : « subhastatio, » c'est le nom que le décret avait dans le pays de droit écrit. Cf. à Rome où les débiteurs qui ne payaient pas leurs créanciers pouvaient, sur ordonnance du prêteur, et après différentes proclamations par les officiers publics, voir leurs biens vendus en forme d'adjudication publique au plus offrant et dernier enchérisseur, sur la place publique, où on mettait une pique (hasta) pour marque de l'autorité en vertu de laquelle la vente se faisait. Cf. Guyot, répertoire, « verbo : Douaire, » t. V, p. 300.

Le *décret volontaire* ne devait pas exister primitivement ; son utilité dut, cependant, paraître incontestable, on sentit probablement le besoin d'arriver à la purge. Comme aucune institution juridique, autre que le décret forcé, n'existait pour atteindre ce but, on eut recours aux mêmes moyens qu'employaient les Romains dans de semblables circonstances. Et, de même qu'à Rome, pour trouver un procédé commode d'affranchissement, on eut recours à un procès fictif (vindicta) au sujet de la liberté du futur affranchi, de même ici, on employa la procédure du décret forcé, que, par une fiction, on rendit possible.

que malgré l'inaliénabilité et l'imprescriptibilité du douaire, les créanciers antérieurs au mariage avaient le droit de faire saisir les biens du mari, même sujets à douaire, de les faire vendre et de se payer sur le prix, sans qu'après le décès de leur père, les enfants pussent donner atteinte au décret ainsi intervenu de son vivant. C'est le droit d'un créancier de saisir les biens de son débiteur, qui forment son gage. Or, la qualité de créancier antérieur au douairier, qui n'est aussi qu'un créancier, lui donne le droit de saisir tous les biens de son débiteur, même ceux chargés de douaire. Tous les auteurs et la jurisprudence admettaient cette manière de voir, qui est très équitable (1).

L'adjudicataire se trouvait donc à l'abri de l'éviction ; mais, comme l'héritage vendu est en réalité grevé d'hypothèque, en faveur des créanciers, les enfants douairiers, qui sont des créanciers, pouvaient au jour où le douaire s'ouvrait par le décès de leur père, poursuivre le vendeur en paiement du prix, jusqu'à concurrence du montant du douaire, après que les créanciers antérieurs auront été payés, si toutefois il restait des deniers (2). En pratique, les choses se passaient probablement ainsi : tous les

______

(1) Le Brun, livre II, chap. v, Dist. 1. — Bourjon, titre XIII, chap. xiii, sect. 3, Dist. 1. — Bacquet, *Droits de justice*, xv-73. — Renusson, chap. x, § 4. — Duplessis, chap. vi, p. 256. — Ferrière sur 249, Glose II, § 21. — Argou, *Œuvres*, tome II, p. 135 et suiv. et 145. — Couart, *Coutumes de Chartres*. — Pierre de l'Hommeau, livre III, *des Douaires*, et les arrêts qu'ils citent.

(2) En ce sens : Bacquet et Bourjon.

créanciers d'un individu se réunissaient, ou plusieurs
d'entre eux, pour saisir et vendre les biens de leur
débiteur. La vente et le décret, ainsi poursuivis,
étaient valables pour tous, en ce sens, qu'on ne
pouvait pas l'annuler, du moment que, parmi les
saisissants, il y avait un créancier antérieur (1) au
douaire. L'adjudicataire n'était donc pas évincé,
mais, le prix qu'il payait, il ne pouvait le payer
qu'aux créanciers antérieurs et pour le montant de
leur créance. Quant aux créanciers postérieurs au
douaire, ils ne devaient rien recevoir avant que les
douairiers aient été remplis de leur douaire.

En effet, les biens vendus et décrétés ne formaient
leur gage qu'autant que le douairier, qui est propriétaire de ces biens, et qui ne doit rien aux poursuivants postérieurs, aura été payé de son douaire.
Dès lors, l'adjudicataire ne pouvait plus être troublé
dans sa possession ; il pouvait seulement être poursuivi pour des sommes payées à tort (2).

On sauvegardait ainsi le droit des créanciers antérieurs au douaire, sans pourtant donner une entorse
au principe de l'imprescriptibilité de ce droit relativement aux créanciers postérieurs. Mais, cette doctrine
n'était pas celle de la jurisprudence, ainsi qu'il résulte
d'un arrêt, cité par Brodeau (3) : « quoique le prix

______

(1) En ce sens : Bourjon et Duplessis.

(2) Renusson conseille « en ce cas à l'adjudicataire, pour plus de
sûreté de faire ordonner que les créanciers postérieurs au douaire, qui
viendront en ordre utile, ne toucheront qu'en baillant bonne et valable
caution de rendre ce qu'ils toucheront jusqu'à concurrence du douaire
des enfants, s'il se produit ».

(3) Brodeau sur Louet, Lettre F, n° 24.

tout entier ait été absorbé et consommé par les créanciers, l'adjudicataire ne peut pas être poursuivi par les enfants, parceque c'est la justice, qui fait l'ordre et la distribution du prix d'adjudication, et non l'adjudicataire. »

Bacquet, Bourjon, Renusson, examinent aussi cette question, et se demandent si les enfants ne peuvent pas poursuivre, en ce cas, les créanciers postérieurs au douaire, qui ont touché une somme quelconque à la répartition des deniers ? Les créanciers postérieurs pouvaient dire que les héritages ont été saisis et vendus régulièrement ; aussi, l'argent, qui reste, ne doit plus être considéré comme sujet à douaire ; cet argent, qui reste du prix d'adjudication, quand les créanciers antérieurs sont remplis de leur créance, appartient donc au débiteur, puisque cet argent n'est pas sujet au douaire, et qu'il appartient au débiteur ; pourquoi les créanciers de ce débiteur, postérieurs au douaire, ne prendraient-ils pas cet argent ? Ils ne font aucun tort aux douairiers, qui ne peuvent y prétendre, quant au débiteur, c'est d'abord leur débiteur ; et ensuite, il eut gaspillé ces sommes en pure perte ; il est donc préférable qu'ils en profitent. D'ailleurs, en matière de douaire, l'accessoire suit le principal.

Ces raisons pouvaient paraître plausibles en apparence, elles ne l'étaient pas. Il est certain d'abord que le droit des douairiers passait de la chose qui est sujette à douaire, sur le prix de cette chose, si elle venait à être vendue. Que pour ce prix, ils primaient tous les créanciers postérieurs. Aussi, ces derniers étaient-ils tenus de rapporter ce qu'ils avaient touché. Ils ne pouvaient pas faire vendre les biens sujets à douaire du vivant du père, ils n'ont pas non plus le droit d'être payés sur le prix de ces biens. Il est de règle, d'ailleurs, nous dit Duplessis, que tous ceux qui reçoivent des mains de la justice, doivent le rapport, s'ils ont reçu au détriment d'un tiers , à fortiori, s'ils ont reçu au détriment d'un créancier qui les prime.

Dans ces différentes hypothèses, nous avons supposé que le décret était poursuivi du vivant du père. Les enfants, qui n'ont encore aucun droit, qui n'en auront peut être jamais, ne pouvaieut rien dire, ils ne pouvaient pas s'opposer. C'était seulement au jour du décès de leur père que le droit des enfants s'ouvrait; seulement alors, ils savaient la qualité qu'ils devaient prendre ; et, ayant pris cette qualité, ils pouvaient agir pour rentrer en possession de ce qui leur était dû. Si le décret avait été poursuivi par des créanciers qui avaient le droit de le faire, ils ne pouvaient plus le faire annuler ; ils devaient le respecter à l'égard de ces créanciers ; leur seul droit était d'agir contre les créanciers postérieurs. C'est en vertu de ces mêmes principes, que dans le cas où le décret est fait après la mort du père, et qu'il y a des créanciers antérieurs au mariage, Bacquet (1) estime que les enfants peuvent s'opposer pour la moitié des deniers, ce qui est leur

(1) Bacquet. — *Droits de justice*, XV-73.

domaine, déduction faite des dettes antérieures au mariage.

Seul le décret fait par des créanciers antérieurs au mariage était opposable aux enfants au sujet des biens formant le douaire ; aussi, le décret poursuivi à la requête de créanciers, qui, tous, étaient postérieurs au mariage, ne pouvait pas nuire aux enfants. A la mort de leur père, s'ils se portaient douairiers, les enfants avaient le droit d'agir contre le détenteur de l'héritage. « *Le feront ajourner, afin de se desister d'iceluy, comme leur appartenant comme douaire coutumier* ». Et, si le détenteur « *Objice le décret, ils appellent d'iceluy, ensemble la saisie, allegueront que la coutume, qui prohide la vendition, aliénation, engagement et hypothèque du douaire, est prohibitive, négative, au point que ce qui est fait contre la teneur d'icelle est nul* ». C'est ainsi que s'exprime Bacquet (1), il cite des arrêts, qui, tous, ont jugé en ce sens. Tous les auteurs (2) ont aussi reproduit cette même idée sous une autre forme, et presque tous citent les mêmes arrêts, avec de si petites variantes dans les dates qu'on ne peut voir là que des erreurs de copie ou des fautes d'impression.

Les motifs de cette rigueur de la loi découlent

---

(1) Bacquet. *Droits de Justice* XV, 72, arrêts du 14 juin 1562, 13 août 1562, 1er mars 1554, 18 février 1590, cité par Louet, lettre D, n° 20, rapporté par Leprestre, Centurie I. chap. XXXIX.

(2) Renusson, chap. X, n° 20. — Le Brun, livre II, chap. V, sect. I, dist. 1, § 33. — Bourjon titre XIII, ch. XIII, sect. III, dist. 1. — Duplessis, chap. VI, p. 255. — Ferrière, sur 249, Glose II, § 17 à 24, un arrêt du 22 décembre 1601.

d'une présomption légale ; l'adjudicataire et celui qui poursuit la vente savent ou sont censés savoir quelle est la nature des biens dont ils pousuivent le décret, ils sont présumés ne pas ignorer que les héritages d'un homme marié sont sujets au douaire, que le douaire ne s'ouvre qu'au décès du père, mais que, pendant tout le temps du mariage, les biens paternels n'appartiennent au père que sous condition, que si la condition se produit, le père se voit dépouillé rétroactivement de sa qualité de propriétaire et que, par conséquent, le décret poursuivi contre ce père n'est pas poursuivi contre le vrai propriétaire, mais, au contraire « adversus non dominum », et, par conséquent qu'il est nul et de nul effet.

Durant la vie du père, c'est-à-dire pendant le temps où le douaire est encore incertain, qu'il n'est pas ouvert, les enfants n'avaient pas à faire opposition au décret poursuivi même par des créanciers postérieurs au mariage (1). En effet, pas plus que la femme ils n'avaient un droit acquis, ce qu'ils ont, c'est une simple espérance. Ils peuvent espérer, suivant la loi de la nature, survivre à leur père et jouir des biens, que la prévoyance de la coutume a mis, en ce cas, à leur disposition ; mais aussi, ils peuvent mourir avant leur père, ou, lui survivant, choisir parmi les différentes situations, qui leur sont offertes, une qualité qui les exclue du douaire. Bien plus, si la mère survit à son mari, les enfants ne sont même

____

(1) En ce sens Leprestre, centurie II, chap. LXXVI, page 546.

pas maîtres de leur choix, et, l'incertitude qui, déjà,
planait à leur égard, se double d'une autre incertitude
aussi douteuse que la première.

Les enfants ne pouvant agir qu'au jour où le
douaire est ouvert, il serait absolument injuste, que
le décret fait du vivant du mari, alors que le droit
des enfants est suspendu, pût nuire et préjudicier
d'une façon quelconque à des individus, qui ne
peuvent même pas, à ce moment, se prévaloir de ce
droit. Le père mort, le douaire est ouvert, les enfants
survivants l'acceptent; et, comme alors, ils sont
censés avoir toujours été propriétaires de la moitié
des biens sujets au douaire coutumier, le décret se
trouve nul, comme fait « super non dominum »; de
sorte que, dans l'un ou l'autre cas, le décret fait sur
les héritages, sujets au douaire, est nul et de nul effet
à l'égard des enfants. Et, ce que dit Dumoulin, sur
la coutume de Grande Perche (1) pour le douaire
des femmes, s'applique au douaire des enfants
« les femmes peuvent demander leur douaire à
l'acquéreur non obstante... sub hastationibus inter-
dum interpositis, dum modo matrimonium sit publi-
cum et non clandestinum. »

Cependant, les enfants, s'ils étaient majeurs,
avaient le droit de s'opposer au décret fait du vivant
leur père, leur opposition était reçue, et l'adjudication n'était faite qu'à charge de douaire (2). Quand

(1) *Cout. de Grande-Perche*, art. 119. Bourdot de Richebourg,
tome III, p. 654. Sur cette question une note sous la règle 36, livre I,
titre 3 de Loysel.

(2) Ferrière, tome III sur l'article 249. Glose II, § 19.

la vente et le décret étaient ainsi faits à la charge de douaire coutumier, pour le cas où il aurait lieu, ils étaient valables ; mais, comme le dit Ferrière, les enfants ne devaient recevoir de l'adjudicataire, le prix de la vente qu'après le décès de leur père, quand le douaire était ouvert, et qu'ils avaient pris qualité.

Quelle était la situation des enfants quand le décret avait été fait du vivant de la mère, après le décès du père ? C'est le décès du père, nous le savons, qui donne ouverture au douaire ; dès ce jour, par conséquent, les biens qui le composent, appartiennent aux enfants. Si donc, le décret est fait contre eux, il purgera ces biens du douaire ; mais encore fallait-il que les enfants eussent pris qualité et que le décret fut poursuivi contre eux, en qualité de douairier. Duplessis (1) fait remarquer qu'ou bien les enfants sont héritiers, et alors, on les poursuit à ce titre, et il n'y a pas de douaire ; ou bien, on poursuit le décret contre une autre personne, soit le curateur à la succession, soit la mère ; dans ce cas, le douaire n'est pas purgé puisque le décret est fait « super non dominum ».

Néanmoins, il est certain qu'à ce moment, les enfants, qui voulaient sauvegarder leurs droits, devaient s'opposer, s'ils étaient majeurs. L'inaction de leur part, était, en effet, une approbation tacite des faits qui s'accomplissaient et la confirmation du décret contre lequel ils ne pouvaient plus s'élever,

(1) Duplessis, t. III, p. 258.

dans la suite. Si donc, il y a des créanciers antérieurs au mariage, l'opposition des enfants n'aura pour effet que de leur conserver leur droit d'être colloqués pour leur douaire, qu'après que les créanciers antérieurs auront été remplis de leur créance. Dans la distribution des deniers, ils seront donc préférés à tous les créanciers postérieurs au mariage, ces derniers fussent-ils même les principaux poursuivants. Si les créanciers sont tous postérieurs au mariage, l'opposition, que les enfants doivent faire, sera bien fondée et produira son plein et entier effet. La répartition des deniers ne pourra avoir lieu qu'en présence des enfants, ou eux dûment appelés ; ils seront les premiers inscrits dans l'ordre ouvert, les créanciers postérieurs ne pouvant jamais empêcher qu'on exerce un droit antérieur à leur créance (1).

Si les enfants étaient mineurs, au jour du décès de leur père, et qu'on fait décréter les biens sujets au douaire, à cette époque ; la mère, ou toute autre personne tutrice, devait, à la place des enfants, s'opposer au décret, au moins pour le cas où le douaire se produirait. Il arrivait quelquefois que l'opposition n'était pas faite ; les enfants, devenus majeurs, pouvaient-ils interjeter appel et obtenir que l'adjudicataire leur abandonne la moitié des

(1) Renusson (ch. x, § 13) rapporte en ce sens un arrêt en robes rouges du 22 décembre 1601, par lequel la Cour décida que même un receveur des amendes n'avait pas privilège pour ses créances, pour être payé avant les enfants douairiers, après un décret d'une terre sujette à douaire.

Voir aussi Bacquet, *Droits de justice*, xv, n° 75.

biens pour leur douaire ? La question s'est présentée,
en pratique ; les enfants déclaraient qu'au nom de
la plus stricte équité, on devait casser le décret;
que la mère, tutrice, leur avait préféré les créanciers,
envers qui elle était débitrice ; mais que les créanciers n'avaient pas de gage sur les biens sujets au
douaire, puisque leurs créances étaient toutes postérieures au mariage. L'adjudicataire opposait que
le décret avait été fait régulièrement, tant au nom
personnel de la mère, que comme tutrice naturelle
de ses enfants mineurs ; que personne ne s'était
opposé, que le douaire a donc bien été purgé tant
contre la mère que contre les enfants. Renusson (1),
qui rapporte cette controverse, estime que l'adjudicataire avait raison ; sinon qu'il n'y aurait plus de
sûreté à être adjudicataire, même après avoir fait
les solennités du décret « qu'il y aurait toujours
quelque petit mineur, qui aurait manqué de s'opposer
et qui aménerait la nullité ».

Quand on déclarait la nullité d'un décret, l'adjudicataire se trouvait évincé de la moitié de son
acquisition pour cause de douaire, et la moitié du
prix devait être rapportée. Aussi, l'adjudicataire,
qui sans faire les formalités du décret, qui semblent
avoir été aussi longues et aussi onéreuses que celles
de la purge moderne, voulait arriver à ne pas être
troublé, devait prendre une foule de précautions :
faire consentir, d'abord, la femme à la vente, pour

(1) Renusson, *Du douaire,* ch. x, § 15. — Bourjon, titre 13, ch. xiii,
sect. 3, dist. 3. Arrêt de Louet, D, n° 32. — Montholon, 85.

que, durant sa vie, elle ne puisse troubler l'acquéreur, pour son droit de jouissance. Mais, ce consentement de la femme à la vente n'engageait qu'elle
seule, et non les enfants, qui, à l'ouverture du
douaire, avaient toujours le droit de s'opposer. Ils
ne le pouvaient plus, si leur mère était morte et s'ils
avaient accepté sa succession ; car, ils auraient
endossé ainsi la responsabilité de ses engagements,
et seraient tenus de ses obligations. Il était, d'ailleurs, préférable de faire consentir la vente par les
enfants eux-mêmes : l'acquéreur voyait ainsi disparaître toute crainte de trouble. Il y avait, en ce
cas, désistement de tous ceux, qui pouvaient
troubler l'adjudicataire. Le fait de s'être porté co-
vendeur avec leur père, était de la part des enfants,
une renonciation (1) anticipée au douaire, sur les
parties des biens vendus ; c'était la liberté rendue à
ces biens.

Tout ce que nous venons de dire relativement au
décret du douaire s'applique plus exclusivement au
douaire coutumier. Quels étaient les principes relatifs au douaire préfix ? Si, parmi les créanciers
saisissants, il y en avait qui étaient antérieurs au
douaire, ils pouvaient saisir et faire adjuger les biens

(1) Bourjon, titre 13, ch. xiv, sect. 1. Cette renonciation des enfants
était valable ; mais seulement s'ils étaient majeurs, quoique leur droit
ne leur soit pas encore acquis. S'ils étaient mineurs, ils ne pouvaient
jamais renoncer à leur droit, sauf pour faire sortir leur père de
prison, d'après une très ancienne jurisprudence. — cf. Renusson,
ch. x, § 10. — Charondas le Caron. *Sur la Cout. de Paris*, ch. xi, et
Réponses et décisions de droit franç., au tome II de ses œuvres,
livre VI, question 29, p. 212. Il cite un arrêt du 4 avril 1571.

de leur débiteur. Cela ne fait de doute pour personne; leur droit prime celui des enfants, qui, en
matière de douaire préfix, n'ont qu'une hypothèque
sur les biens de leur père, mais seulement à la date
du mariage. Aussi, dans cette hypothèse, le décret
fait, du vivant du mari produit son effet vis-à-vis
des enfants à l'égard des seuls créanciers antérieurs.
Pour les autres, fussent-ils hypothécaires, ils sont
primés par les douairiers, dont l'hypothèque est
plus ancienne que la leur. Tout ce que nous avons
dit du douaire coutumier, s'applique ici.

Renusson (1), cependant, déclare que la question
était controversée. Le douaire préfix, en effet, tient
lieu de douaire coutumier ; or, le décret des héritages
du mari, fait de son vivant, ne peut pas nuire au
douaire coutumier des enfants ; il ne doit par conséquent, pas nuire au douaire préfix. De plus, le droit
au douaire n'était ouvert qu'au décès du père ;
durant sa vie, les enfants n'ont aucun droit, aucune
qualité pour agir « quia non est jus quœsitum. » On
opposait cependant, qu'en matière de douaire préfix,
les enfants n'ont qu'une hypothèque sur les biens
de leur père ; que toutes les hypothèques, même
celle des mineurs, sont purgées par décret, qu'en
matière de douaire coutumier, l'enfant a la propriété
des biens, et que c'est là le motif pour lequel le
droit ne peut pas être purgé avant d'être ouvert.

Renusson rapporte un arrêt de mars 1681, qui
jugea que le douaire préfix avait été purgé par

(1) Renusson, ch. x, § 7 et suiv.

décret; mais, il doute de l'authenticité de cet arrêt, et il estime qu'on a jugé contre le droit des enfants. En effet, pour la garantie du douaire préfix, il y a une hypothèque sur tous les biens du mari, présents ou futurs, datant du jour du mariage; or, les créanciers sont postérieurs au douaire, ils ne peuvent donc pas priver les enfants d'un droit antérieur au leur. Du vivant du père, le droit est en suspens, il n'est pas ouvert; on ne peut pas causer un préjudice aux enfants à une époque où le douaire est en suspens. C'est l'avis des auteurs (1); aussi accordent-ils à l'enfant une action. Cette action tend, non pas à faire annuler la vente, ce qui est impossible, attendu que le douaire préfix ne constitue pas un droit de propriété, comme cela existe pour le douaire coutumier, mais, c'est plutôt un droit de créance, auquel est ajoutée une hypothèque qui garantit ce droit.

L'action en déclaration d'hypothèque, qui appartenait aux douairiers, mettait les acquéreurs dans l'obligation de payer le douaire, ou de déguerpir. Cette action était imprescriptible durant le mariage. On aboutissait ainsi au même résultat que pour le douaire coutumier.

Quant au décret fait après l'ouverture du douaire, les règles étaient les mêmes que pour le douaire coutumier. En effet, le douaire une fois ouvert, les enfants devaient s'opposer pour maintenir leur

—————

(1) Bourjon, titre 13, ch. xiii, sect. 1, dist. 3. — Et Ferrière, *loc. cit.*

droit ; ils avaient tout pouvoir pour le faire, s'ils ne le faisaient pas, c'est que la qualité de douairiers ne leur convenait pas, et, en la répudiant, ils ratifiaient tacitement ce que faisaient les créanciers, et, par conséquent, ne pouvaient plus se plaindre par ailleurs.

Section II. — *Prescription en matière de douaire des enfants.*

Nous avons vu que le douaire des enfants était inaliénable ; cependant, il arrivait souvent qu'une aliénation avait lieu. A cause de l'incertitude du douaire, avant son ouverture, les douairiers ne protestaient pas ; ils n'avaient pas à protester puisque le douaire pouvait ne pas s'ouvrir, et puisqu'aussi, ils pouvaient espérer trouver une quantité suffisante de biens pour les remplir de leur douaire. Mais, une fois le douaire ouvert, les douairiers devaient agir ; s'ils voulaient conserver les biens qui leur revenaient, ils devaient surtout empêcher que les acquéreurs de ces biens pussent prescrire. Or, comme les douairiers étaient réputés propriétaires de ces biens depuis le jour du mariage de leurs parents, que l'aliénation pouvait être très ancienne, les questions de prescription devenaient très intéressantes.

L'ancienne coutume de Paris ne s'était pas prononcé d'une façon absolue sur la prescription. Il y avait de grandes incertitudes sur le point de savoir à quel jour elle commençait à courir et quand elle avait lieu. Au dire de Renusson, les opinions les plus nombreuses et les plus diverses avaient été successivement émises et soutenues par les auteurs. Il en est trois qui méritent plus particulièrement l'attention.

Quelques-uns partaient de l'article 249 de la Coutume de Paris (1), qui déclare le douaire propre aux enfants « dès l'instant du mariage » et, ils voulaient que si le père a vendu un bien sujet à douaire, la prescription commençât à courir du jour de la vente, en faveur de l'acquéreur, contre les enfants. Dès le jour du mariage, les enfants ont un droit né et certain ; sans doute, ils ne sont pas propriétaires absolus des biens chargés de douaire, mais le droit qu'ils ont, leur suffit pour agir, dès le jour de leur majorité, même du vivant de leur père contre l'acquéreur, afin de faire déclarer l'hypothèque. Cette action en déclaration d'hypothèqué tend seulement à faire déclarer affecté et hypothèqué au douaire l'héritage aliéné. Pour parvenir à ce but, il suffit d'avoir un droit ; celui des enfants, quelqu'imparfait qu'il soit, suffit complètement.

Une autre opinion faisait courir la prescription du jour du décès du père. Sans doute, les enfants ont un droit dès le jour du mariage ; mais ce droit n'existe que sous une condition tout-à-fait incertaine : la survivance des enfants à leur père. Tant que celui-ci est en vie, on ne sait pas si le douaire aura lieu ;

(1) Sur cette question voir Duplessis: *Traité des prescrip.* titre xii, ch· 2, p. 495.

tout dépend d'un événement, qui aura peut-être lieu,
ou qui peut-être ne se produira pas. Le droit des
enfants existe, leur père ne peut plus disposer des
biens sujets au douaire, d'une façon absolue comme
avant le mariage ; mais il est vrai aussi que ce droit
des enfants sera réputé n'avoir jamais existé, si les
enfants meurent avant leur père : aussi, c'est seulement quand le droit sera ouvert que la prescription
commencera à courir, c'est donc seulement du jour
du décès du père que partira la prescription. C'était
l'avis de Loysel (1) « en douaire le temps de la prescription ne commence à courir que du jour où
l'action est ouverte. » Cette opinion présentait l'avantage de ne pas semer la discorde au sein des familles,
ce qui se serait fatalement produit, si, durant le mariage, ou pendant que le père était encore en vie, les
enfants avaient pu intenter une action contre l'acquéreur, et contredire ainsi la volonté paternelle, au
sujet d'un bien qu'ils étaient tout-à-fait incertains de
posséder.

D'autres, enfin, voulaient que le départ de la prescription fut modifié suivant que la mère survit ou
non au mari. Si elle survivait, comme elle a un droit
viager de jouissance, les enfants ne peuvent rien
faire pendant sa vie ; si, elle prédécédait, c'était au
décès du père que s'ouvrait le droit des enfants :

(1) Loysel, *Inst. Cout.* livre 3, *Traité des prescrip.* Rep. 21 et aussi
livre I, titre 3, règle 36 : « le douaire, qui est propre aux enfants ne se
prescrit contre eux du vivant du père et n'en commence la prescription que du jour du décès. »

c'était de ce jour seulement que devait partir là prescription. Ce fut, d'ailleurs, cette dernière opinion, au dire de Renusson, que la jurisprudence avait admise par arrêt du 14 août 1577. La prescription ne commençait à courir que du jour du décès des père et mère. Pour le décès du père, on comprend facilement la règle : le droit n'était pas ouvert avant la mort du père, la prescription ne pouvait pas commencer à courir avant cette époque. Quant au décès de la mère, on avait choisi cette date, peut être à cause du droit de jouissance, qui appartenait à la mère, mais aussi parce qu'elle pouvait avoir participé à la vente avec son mari, et s'être engagée conjointement et solidairement avec lui.

Il eut été impossible, dans ce cas, de permettre aux enfants d'agir du vivant de leur mère contre l'acquéreur, à cause du doute dans lequel se trouvaient les enfants, sur le point de savoir s'ils accepteraient ou non la succession maternelle. S'ils acceptaient, ils étaient tenus des obligations de leur mère et par conséquent ils devaient respecter les aliénations qu'elle avait consenties ; ils ne pouvaient donc pas troubler l'acquéreur. S'ils renonçaient à la succession, sans doute alors, ils pouvaient agir ; mais, comme c'est seulement au décès de leur mère, qu'ils sauront s'ils doivent accepter ou non la succession ; bien plus, comme c'est seulement alors qu'ils auront droit de le faire, on avait agi sagement en fixant, à ce jour, le départ de la prescription. On s'appuyait, enfin, et surtout sur l'article 139 de la coutume, qui disait que le douaire était aux enfants pour « d'iceluy jouir après le trépas des père et mère (1). »

Bien que cette jurisprudence fut rationnelle, elle ne devait pas être longtemps admise. La coutume de 1580 devait la modifier, en ajoutant à l'ancienne coutume l'article 117 ainsi conçu : « En douaire, la prescription ne court que du jour du décès du mary seulement, entre aagés et non privilégiés. » Ce texte est très clair ; il semblait que, la coutume ayant parlé, les controverses auraient dû complètement cesser. Les auteurs, sur cette question, nous donnent une foule d'observations ; malheureusement, ils le font sans ordre, passant d'un point à un autre, suivant l'impression du moment, au lieu de partir d'un principe et de le suivre jusque dans ses dernières conséquences. Aussi, est-il très difficile de dégager la vérité. Nous chercherons pourtant à le faire.

En principe, c'est le jour du décès du père, qui marque le point de départ de la prescription, en matière de douaire. On a dit (2) qu'il fallait qu'il en soit ainsi, parce que les enfants, du vivant de leur père, sont souvent mineurs, qu'ils ne peuvent agir, et que, s'ils le pouvaient, le père les en empêcherait en abusant de son autorité ; qu'agir prématurément, ce serait faire injure à leur père, auquel, de son

______

(1) Sur cette question, Renusson, chap. xv, n°s 12 et suiv.

Bacquet, *Droits de justice*, xv, n° 78. Brodeau sur Louet. Lettre D., n° 20.

(2) Ferrière, sur 117, Glose unique, § 15.

Voir un arrêt rapporté par Louet. Lettre D., n° 20. Page 410, au tome I, *Arrêt de la Chambre de l'Édit du 5 avril 1583.*

vivant, ils déclaraient vouloir renoncer à la succession (1). Ce sont là des motifs fantaisistes, la véritable cause, c'est que c'est seulement au jour où le père meurt que le douaire s'ouvre pour les enfants, que c'est, à ce jour, seulement, qu'apparaît leur droit de prendre qualité ; c'est de ce jour qu'ils deviendraient héritiers, s'ils préféraient la succession au douaire, ce doit donc être de ce jour, qu'ils seront douairiers (2).

Au décès du père, plusieurs situations pouvaient se présenter : si la mère était morte avant son mari, la question ne fait de doute pour personne : la prescription ne part que du décès du mari, le prédécès de la mère n'a aucune influence sur le douaire.

Si, au contraire, la femme survivait à son mari, la situation se compliquait, et les controverses marchent leur train. La femme avait-elle vendu conjointement avec son mari l'immeuble sujet au douaire, ou, au contraire, n'avait-elle eu aucune part à la vente ?

Quand il n'y avait pas eu vente conjointe, il n'y a pas, dans ce cas, semble-t-il, de motif pour empêcher la prescription de courir. L'article 117 déclare que c'est le jour du décès du mari qui est le point de départ de la prescription ; à cette date, le droit des enfants est né, ils ont la propriété des biens, leur droit est irrévocablement acquis ; la présence de la mère usufruitière ne doit pas empêcher d'agir pour conserver leur droit. Ils sont propriétaires des biens

---

(1) Brodeau. *Sur la coutume de Paris*, titre VI. *Des prescriptions*, sur l'article 117.

(2) Pierre de l'Homeau. Titre III, *du Douaire*, in fine.

sujets au douaire, ils peuvent vendre ces biens, les
hypothéquer, les charger de quelque façon que ce
soit, pourvu qu'ils ne troublent pas la jouissance de
leur mère ; et ils ne pourraient rien faire pour sauvegarder des droits qui sont leur propriété? Ils pourraient renoncer à interrompre la prescription, comme
peut le faire un propriétaire, et ils ne pourraient pas
interrompre cette prescription? Ajoutons que le
décès de la mère n'est pour rien dans la transmission
du douaire. Le douaire, nous le savons, se compose
des biens du père, ils sont réputés propres paternels
dans la succession des enfants, en un mot, il n'y a
que le père qui soit quelque chose en matière de
douaire des enfants ; aussi, dès sa mort, la prescription doit courir.

A ces raisons, pourtant péremptoires, on opposait
que l'article 117 disait que la prescription en matière
de douaire ne court que du jour du décès « du mary ».
Cet article ne s'appliquait, par conséquent, que pour
la prescription du douaire des femmes. En effet, si
on avait eu en vue le douaire des enfants, les rédacteurs auraient employé les mots « au décès du père »
plutôt qu' « au décès du mary » ; aussi, si on veut
laisser le texte intact, il faut le lire, comme s'il y
avait « quand la femme est décédée la première ». A
l'article 117, il faut opposer l'article 255 qui, à propos
du douaire préfix, déclare que ce douaire est propre
aux enfants « pour lesdits enfants en jouir inconti-
nent que le douaire a lieu » (1). Ce texte parle de

(1) Voir Laurent Jovet, maxime 113, page 127.

jouissance ; or, tant que la mère vit, les enfants n'ont
pas la jouissance du douaire ; par conséquent, pour
eux, c'est seulement quand ils auront cette jouissance que le douaire aura lieu ; donc le douaire
n'aura lieu, pour les enfants, qu'au décès de leur
mère. Par conséquent, la prescription, ne pouvant
pas courir avant que les enfants aient le douaire, ne
courra que du jour du décès de leur mère.

Ajoutons que, durant la vie de leur mère, les
enfants n'exercent aucuns droits du douaire ; c'est
leur mère, qui en a la jouissance, qui les exerce tous ;
il serait, par conséquent, injuste que la prescription
agisse contre eux pendant ce temps. C'est enfin par
l'intermédiaire de la mère que le douaire vient aux
enfants ; leur droit résulte souvent de son option ; il
faut donc prendre en considération le décès de la
mère comme celui du père.

Il y avait, on a pu en juger, des raisons plausibles
dans cette manière de voir ; nous ne saurions pourtant pas l'adopter. Le texte de l'article 117 est formel;
il tranche une difficulté qui existait sous l'ancienne
coutume (1) ; l'opinion qu'il décide, est la plus
normale et la plus rationnelle ; il n'y a pas de motifs
pour ne pas l'admettre. Quant à l'article 255 qu'on
nous oppose, il signifie tout simplement que les
enfants, durant la vie de leur mère, doivent lui laisser
la jouissance du douaire, mais que ce douaire ne leur
appartient pas moins en propriété du jour du décès
de leur père. Or, on peut prescrire une propriété

(1) Bacquet, *Droits de justice*, XV-78.

alors même que l'usufruit est à un autre ; il n'y a donc rien qui s'oppose à ce que les enfants puissent interrompre à leur gré la prescription.

Quand la femme s'est portée covenderesse avec son mari, ou, quand elle avait donné garantie à la vente, il semblait plus difficile de permettre que la prescription courût contre les enfants durant la vie de leur mère. En effet, les enfants ne peuvent pas, à ce moment, poursuivre et déposséder les acquéreurs, qui sont en droit de jouir de ces biens, tant que la mère douairière est en vie, puisque c'est d'elle qu'ils tiennent leur droit. De plus, tant que la mère vit, il n'est pas certain que les enfants accepteront sa succession. S'ils acceptent, ils se trouveront par cela même tenus de ses faits et promesses ; les poursuites, qu'ils auront faites retomberont sur eux, et les frais, qu'ils auront faits, d'ailleurs sans résultat, seront à leur charge.

Renusson et Ferrière combattent cette opinion. Ils estiment que le droit de la mère et celui des enfants, en matière de douaire, tout en ne faisant qu'un seul et même droit, sont cependant distincts et séparés, puisque l'un est de jouissance, l'autre de propriété. Quand la mère mourra, son droit va se réunir à celui des enfants ; par conséquent, c'est aux enfants à veiller à leur droit. Ils doivent agir contre les acquéreurs et empêcher la prescription de s'accomplir. Pour ce qui est de l'incertitude de savoir, durant la vie de la mère, s'ils seront ou non ses héritiers, cela n'empêche pas les enfants d'être les vrais proprié-

taires des biens sujets à douaire, qu'on peut prescrire contre eux et qu'ils doivent se défendre.

Quoiqu'il en soit, la jurisprudence semble avoir eu
quelque peine à se fixer. Nons avons différents
arrêts des 23 janvier 1616 et 24 juillet 1676 (1), qui
sont en faveur de l'application pure et simple de
l'article 117, mais qui n'indiquent pas, s'il y a eu
vente conjointe et solidaire par la mère ; on en rencontre encore un autre, en ce sens, du 5 mars 1653 (2).
Pour le cas où la femme était covenderesse, nous
avons deux arrêts du 15 janvier 1652 et du 7 août
1655 (3), qui admettent que la prescription ne commençait à courir que du jour du décès de la mère.
Nous ne reproduirons pas les motifs invoqués par
ces arrêts, nous les avons indiqués, comme arguments, au cours de la discussion.

D'ailleurs, s'il faut en croire Guyot (4) à la suite
de Brillon, l'arrêt de 1652 serait faux, il aurait été
inventé de toutes pièces par un auteur pour les
besoins de sa cause. On s'aperçut de la supercherie,
en constatant que le jour de sa date était un jour
férié, et que le rapporteur qui avait conclu, n'avait

(1) Arrêts rapportés au journal des audiences. Livre X, chap. xi,
tome III, cités par Renusson.

(2) Brodeau sur Louet. — Lettre D, n° 20. — Il est vrai qu'il y en a
un autre du 7 septembre 1641, sur la coutume de Senlis, qui juge
autrement.

(3) Ces arrêts cités par Renusson — on les trouve aussi au Journal
des Audiences, livre 7, arrêt 2, tome I, p. 660 et suiv. — Celui de 1652
est rapporté par Soève, Centurie 3, p. 335, chap. 88. Voir aussi Brodeau sur Louet, tome I, lettre D, ch. 20. Leprestre, Centurie II,
chap. 76.

(4) Verbo : *Douaire*, p. 307, tome 6.

jamais existé, cela doit jeter un certain doute sur la valeur de l'arrêt de 1655.

Peu à peu, cependant, la jurisprudence s'établit d'une façon indiscutable ; le principe établi par l'article 117 de la coutume de Paris reçut, sans discussion, son plein et entier effet. Guyot rapporte des arrêts du 11 août 1711, 24 juillet 1727, 4 mars 1735 qui sont en faveur de cette théorie. Elle ne se discutait plus, et était conforme aux textes et aux principes (1). Remarquons, en terminant que l'article 117 fait exception pour les mineurs et les personnes qui ne sont pas « aagées » ; pour elles, durant la minorité, il ne saurait être question de prescription ; mais, la présence d'un mineur n'empêchait pas la prescription de courir contre les majeurs (2).

Quant au temps par lequel on prescrit, Brodeau voulait que ce fut trente années. Mais, cela ne peut être vrai que pour le possesseur de mauvaise foi (3), car le douaire est un droit réel sur l'héritage du mari ; or, l'article 114 de la coutume veut que les droits réels se prescrivent par dix ou vingt ans par l'acquéreur de bonne foi. C'était donc cette prescription qu'il fallait appliquer (4).

(1) Sur toute la question de prescription, voir Renusson, *Traité du douaire*, chap. XV. — Argou, *œuvres*, tome II, pages 145 et suiv. — Le Brun, livr. II, ch. V, sect. II, dist. III. — Duplessis, tome III, p. 258, et aussi, *Traité des prescriptions*, titre XII, ch. II, p. 495. — Ferrière, sur l'article 117 de la cout. de Paris, tome II, p. 406 et suiv.

(2) Ferrière, sur 117, Glose unique, § 24, tome II.

(3) Duplessis, tome III, p. 258.

(4) Ferrière sur 117, Glose unique, § 24. — Voir aussi un arrêt du 24 juillet 1676 rapporté au journal des Audiences, tome III, p. 763. — Cet arrêt déclare d'ailleurs aussi que la prescription court du jour du décès du père.

CHAPITRE VIII

Institutions se rapprochant du douaire des enfants. Le tiers coutumier. Le droit de dévolution.

SECTION I. — LE TIERS COUTUMIER.

Comme on a pu le remarquer, au cours de cette étude du douaire des enfants, nous n'avons pas pour ainsi dire parlé d'une institution qui ressemble beaucoup au douaire, tel que nous l'avons rencontré dans la Coutume de Paris, mais, qui cependant, a avec lui de grandes différences, nous voulons parler du tiers coutumier, qui existait en Normandie. Cette institution était très florissante, elle mériterait de faire l'objet de toute une étude spéciale; nous n'aurions pas voulu ne pas lui consacrer quelques lignes.

Le tiers coutumier de Normandie est une institution beaucoup plus récente que le douaire (1). L'ancienne

____

(1) Voir Beaune. *Condition des biens*, page 540. — Voir aussi le *Glossaire de droit français*, etc., par M. François Ragueau, revu par E. de Laurière, 2 vol. in-8°. Paris, 1704, au tome II, p. 411 et suiv. verbo : tiers coutumier.

coutume de Normandie ne la connaissait pas. Bourdot de Richebourg (1) rapporte un procès-verbal du 1ᵉʳ juillet 1583, relatif à la promulgation de la nouvelle coutume, qui déclare que l'article 399 commençant par ces mots « la propriété du tiers de l'immeuble... etc. » a été accordé par la nouvelle coutume. Le même procès-verbal ajoute que les articles 400 à 405 ont été également accordés par cette coutume. Ce sont tous les articles ayant trait au tiers coutumier des enfants ; c'est donc à cette date que le tiers coutumier a été introduit pour eux.

La quotité de biens allouée aux enfants, en Normandie, était différente de celle que les autres coutumes, en général, leur allouaient, pour leur douaire. Là, la quotité était de la moitié des immeubles du père, elle n'était que du tiers, en Normandie. C'est de cette quotité qu'est venue l'expression de tiers coutumier, qui sert habituellement à désigner le douaire normand. Cette différence avec les autres coutumes s'expliquerait par la fameuse Ordonnance du roi d'Angleterre, Jean sans Terre. Cette Ordonnance, qui serait de 1215, aurait fixé sur tout le royaume anglais, dont faisait alors partie la Normandie, le douaire des femmes au tiers des immeubles du mari. Par assimilation, on fixa à la même quotité le douaire des enfants. Mais, il est d'autres points très importants qui font différer le tiers du douaire des enfants, et qui montrent que ce tiers coutumier est bien une institution « sui generis. »

(1) Tome IV, p. 125.

Au premier abord, cependant, il semblerait résulter des termes, qu'a employés la coutume de Normandie, dans l'article 399, qu'à part la question de quotité, le douaire des enfants en Normandie, est la même chose que dans les autres pays ; en effet, il y est dit que la propriété du tiers de l'immeuble destiné par la coutume pour le douaire de la femme, est acquis aux enfants du jour du mariage, etc.; il en est pourtant autrement. Le tiers coutumier était considéré en Normandie, comme un droit successoral, beaucoup plus que dans les autres coutumes. C'était une légitime pour laquelle on avait emprunté quelques règles du douaire. Ce n'était pas un véritable douaire. C'est ce que dit, d'ailleurs, Basnage (1) : « il faut remarquer qu'en Normandie, ce que nous appelons légitime est le tiers coutumier, parce que nous n'avons pas d'autre légitime. Mais, à Paris, légitime est différente du tiers coutumier (2) ».

Le tiers était donc une masse, une quotité de biens, une part déterminée du patrimoine du mari, que la coutume accordait aux enfants pour leur permettre de vivre, pour leur assurer des aliments, pour les empêcher, en un mot, d'être entièrement dépouillés par leur père ; mais, ce n'était pas le véritable douaire. Le douaire, nous le savons, était une partie des biens que le mari possédait au jour du mariage, qui passait à la femme en usufruit, sa

(1) Basnage, sur l'art. 399, p. 113.
(2) Tous les commentateurs de la coutume de Normandie en parlant du tiers cout. ne l'appellent pas douaire, mais légitime.

vie durant, puis, qui allait, en propriété aux enfants.
L'article 399 dit aussi la même chose ; mais l'article
400 vient le détruire, puisqu'il déclare que s'il y a
des enfants de divers lits, tous ensemble n'auront
qu'un tiers, quelque soit le mariage duquel ils sont
issus. Nous n'avons donc plus ici un douaire des
enfants, qui est le même que celui de la mère, qui
est, comme son prolongement, qui est la continuation,
en propriété, pour les enfants, de ce que la mère
avait eu en usufruit.

Tiers et douaire, en Normandie, n'étaient donc
pas la même chose. Sans doute, il y avait similitude
de quotité ; la femme avait, pour douaire, un tiers
des héritages du mari, tout comme les enfants
avaient un tiers des héritages du père ; mais on ne
peut pas dire qu'il y ait identité entre les deux institutions, comme nous l'avons vu dans les autres
pays. C'est surtout au cas où il y avait différents
mariages, et des enfants issus de ces différentes
unions que cette particularité se remarquait. En
effet, dans ce cas, bien qu'une deuxième femme ait,
comme la première, un douaire particulier sur les
biens qui composaient l'héritage de son mari, au
jour du mariage, les enfants du second lit n'ont
qu'un seul et même droit de douaire, une légitime
unique, qui se confond avec celle de leurs frères
consanguins. Par conséquent, quand un homme se
remariait, la seconde femme avait son douaire en
usufruit sur les biens, qui avaient constitué le douaire
de la première femme, et qui constituait, en propriété

celui des enfants du premier lit. Par le fait du second mariage, par cette nouvelle possibilité légale de procréation d'enfants légitimes, ce tiers des enfants du second lit menaçait de réduire, de diminuer le douaire des enfants du premier lit, tandis que ce tiers serait resté la propriété intacte des enfants de ce premier lit, s'il eut été un véritable douaire.

Le tiers coutumier était plutôt une part de biens réservée par le père. Mais, on ne peut pas dire non plus qu'il constitue une légitime. En Normandie, en effet, tout comme ailleurs, en matière de douaire, pour avoir le tiers, il fallait renoncer à la succession du père ; le cumul des qualités était interdit, comme dans les autres Coutumes qui connaissaient le douaire ; les enfants prenaient leur tiers, jure contractus, non pas à titre successif, mais à titre particulier, en vertu d'un contrat légal (1).

Remarquons, cependant, les termes de la coutume au sujet de l'option qui devait être faite en cas du cumul des qualités : l'article 401 dit que « tous les enfants ensemble doivent avoir renoncé à la succession ». Il résulte de la généralité de cette expression qu'il fallait une renonciation collective de tous ceux qui avaient une qualité incompatible avec celle de douairier, pour qu'ils puissent garder cette dernière qualité. Il n'en était rien. Parmi les enfants, malgré l'article 401, les uns pouvaient rester héritiers, d'autres donataires, d'autres enfin douairiers. La jurisprudence interprétait l'article 401 en ce sens,

(1) Basnage, sur l'art. 401, page 133.

que ceux qui renonçaient à d'autres qualités pour avoir le douaire, n'avaient pas plus dans la masse totale du douaire, que si leurs frères, donataires ou héritiers, avaient, eux aussi, renoncé à la succession ou à leur don pour conserver le douaire (1). Cette absence de droit d'accroissement était encore un point de ressemblance entre le tiers coutumier et le douaire ordinaire.

D'ailleurs, en général, les règles du douaire, telles qu'elles existaient dans la coutume de Paris, étaient aussi celles qu'on retrouvait en Normandie, à propos du tiers coutumier. Remarquons, cependant, un point spécial : nous savons que les enfants, à quelque lit qu'ils appartiennent, avaient, pour tiers coutumier, en vertu de l'article 400, « tous ensemble un seul tiers, demeurant à leur option de le prendre au regard des biens que le père possédait lors des premières, secondes ou autres noces. » Les enfants, en somme, avaient, moyennant quelques formalités, le choix de prendre celui des douaires du premier, second ou autre lit, qui leur semblait préférable. Nous voilà bien loin du douaire, qui, à chaque mariage, passait de la mère aux enfants qui étaient issus de son mariage, sans que les enfants d'un autre lit pussent en avoir quelque part.

Signalons, enfin, une dernière particularité. L'article 404 de la coutume déclarait « que le tiers des héritages que la femme avait au jour de son mariage, et de ceux qui devaient lui échoir durant son

(1) Basnage, sur l'ar. 401, page 133.

mariage, ou qui lui arriveraient comme conquets, appartiendraient aux enfants à même titre, mêmes conditions, mêmes charges que le tiers du mary. » C'était un douaire sur les biens de la mère. Basnage(1), qui admire fort cette très sage institution, dit qu'on l'a établie « par connaissance du déréglement où les femmes tombent par leurs folles amours et mauvaise conduite, et ainsi, dissipent tous leurs biens ». L'établissement de ce droit spécial avait eu lieu précisément par assimilation à la légitime. Comme en Normandie, il n'y avait pas d'autre légitime que le douaire, que cette institution était reconnue utile, il était nécessaire qu'on établisse un douaire sur les biens des femmes comme on en avait créé un sur celui des hommes. Quand il s'agit, sans doute, de fixer la quotité de cette masse de biens qu'on voulait sauvegarder au profit des enfants, on choisit le tiers qui existait déjà pour le douaire des femmes. La similitude de quotité amena celle des noms et aussi celle des règles.

Section II. — Le droit de dévolution.

Nous voulons rapprocher aussi du douaire des enfants une institution que nous trouvons indiquée plus spécialement dans une brochure du recteur de l'Université de Gand (2). Après avoir rappelé la

---

(1) Basnage, sur l'article 404, p. 141.

(2) Discours prononcé par M. I. Van Wetter, recteur de l'Université de Gand, le 18 octobre 1898. — Paris, 1898. Brochure in 8°, *Le droit romain et celtique en Gaule.* Communauté de biens entre époux.

manus ou acquisition de la puissance maritale, qui, en assimilant la femme à un enfant en puissance, conférait au mari l'absolue propriété de tous les biens de sa femme, l'auteur ajoute qu'on retrouve un peu partout des traces de cette institution dans les coutumes. Et, il indique spécialement la « main-plévie » du pays de Liège « manus plicata » par laquelle la femme tombait « in potestate mariti, » tandis que tous ses biens présents et futurs tombaient dans le patrimoine du mari. Et, il ajoute (1), « s'il y avait des enfants issus du mariage, les immeubles, provenant des deux côtés, étaient frappés d'inaliénabilité dans l'intérêt des enfants. Le conjoint survivant n'était autorisé à les vendre que pour son alimentation. Cette inaliénabilité était appelée droit de dévolution. »

Nous sommes en présence d'une inaliénabilité, qui ressemble fort à celle que nous avons rencontrée en matière de douaire. Les enfants ont un droit presqu'assuré dès le jour du mariage de leurs parents, non plus seulement sur les héritages de leur père, mais sur tous les immeubles que leurs père et mère avaient au jour de leur mariage, puisque durant leur existence, les parents ne peuvent pas toucher à ces biens.

Ce même droit existait aussi dans la coutume de

---

(1) Page 29 et les notes. On appelait parfois le droit du parent survivant de « propriété bridée ou d'usufruit coutumier, et celui des enfants de « propriété coutumière »; nous ne sommes pas loin du douaire viager de la femme et du douaire propre des enfants.

Chimay ou le survivant des deux conjoints ne pouvait pas, après le trépas de son conjoint disposer des immeubles au préjudice des enfants (1). On le rencontrait aussi à Fribourg-en-Brisgau. En 1120, Conrad, duc de Zahringen, aurait octroyé aux habitants de cette ville une charte, en vertu de laquelle le conjoint survivant ne pouvait, au décès de son conjoint, vendre ou détourner un immeuble, quand il y avait des enfants issus du mariage. Ces immeubles réunis sur la tête du survivant en usufruit étaient inaliénables (2).

Enfin, à Colmar, dès 1293, le régime de communauté de biens entre époux existait déjà, et au décès de l'un des conjoints, le survivant héritait ; mais, s'il y avait des enfants, il ne pouvait aliéner les immeubles concentrés entre ses mains (3).

Cette institution ne se rapproche que de très loin du douaire ; néanmoins, elle le rappelle, et c'est pourquoi nous avons cru bon de la mentionner.

(1) Page 32.
(2) Page 44.
(3) Page 46.
Sur cette question du *Droit de dévolution coutumière*. Voir Merlin, Répertoire de législation. *Verbo : Dévolution, cout.* § 2, n° 11, et *Questions de Droit, ibidem.* § 1 au commencement.

CHAPITRE IX

Abrogation du douaire des enfants.

Le douaire des enfants, dont nous venons d'examiner les règles, était, comme nous l'avons déjà pu remarquer, encore plein de vitalité, au moment où la Révolution française vint à éclater. Cette institution si ancienne, dont les principes étaient de tradition immémoriale dans la France coutumière, ne devait pas survivre à l'ancien régime, sous lequel elle s'était si longtemps exercée. Ce ne fut cependant pas dès la toute première heure de la Révolution, que le douaire fut abrogé ; et, la force de sa vitalité, au jour où on voulut le faire disparaître, semble ressortir d'ailleurs du nombre relativement important d'actes législatifs, qui durent être employés pour le chasser à jamais de notre législation (1).

Le premier de ces actes est une loi de la Convention nationale du 17 nivôse an II (2). L'article 61 de

______

(1) Voir sur cette question d'abrogation Dalloz, *Répertoire d jurisprudence*, tome XIV, p. 296. Egalement Merlin, *Question de Droit, verbo : tiers coutumier*, tome VIII, p. 247 et *Répertoire de jurisprudence*, tome XVII, *verbo: tiers*, p. 685.

(2) 6 janvier 1794.

cette loi (1) est ainsi conçu : « Toutes lois, coutumes,
usages et statuts, relatifs à la transmission des biens
par succession, donation, sont également abolis,
sauf à procéder au partage des successions échues,
et y compris le 14 juillet 1789, et de celles à venir,
selon les règles qui seront ci-après établies. » Le
douaire des enfants était un « usage et statut relatif
à la transmission des biens par succession », la loi
du 17 nivôse an II l'atteignait par conséquent.

Il faut croire, cependant, que des doutes surgirent,
que des éclaircissements furent demandés. En effet,
peu de temps après, la Convention nationale était
saisie de réclamations, de pétitions tendant « à ce
que la loi se prononce formellement sur la conservation ou l'abolition du tiers coutumier, qui, en certains
lieux, assurait aux enfants une portion des biens de
leur père, en rendant en ses mains cette portion non
susceptible de transactions commerciales ». L'Assemblée, par décret du 22 ventôse an II (2), « considérant qu'il ne peut y avoir qu'une législation
uniforme en France, et que, l'article 61 abolissant
les transmissions statutaires, la question se trouve
résolue par ce seul point, l'Assemblée décrète qu'il
n'y a pas à délibérer ». Il s'agissait ici purement du
tiers coutumier ; or, à notre avis, le tiers coutumier
est absolument différent du douaire ; il n'en est pas
moins vrai qu'il obéissait en grande partie aux

(1) *Collection générale des lois*, depuis 1789 au 1ᵉʳ avril 1814, tome
IV, Iʳᵉ partie, page 850 et autres.

(2) 12 mars 1794. *Collection générale des lois*, tome IV, p. 1003 et
suivantes. C'est l'article 49.

mêmes règles que le douaire, et que, partout, à cette époque, on le considérait comme un douaire. Par conséquent, ce qui est dit ici du tiers coutumier doit s'appliquer au douaire en général. C'est, d'ailleurs, aussi l'avis de Merlin, et son opinion nous semble peu discutable, étant donné qu'au moment où il écrivait, il était encore mieux placé que tout autre pour savoir quel esprit avait animé les législateurs de la Convention.

En tous cas, le public souhaitait-il peut-être l'abolition radicale et absolue du douaire ? Cherchait-il, au contraire, à être fixé par un texte définitif sur la disparition d'une institution qu'il regrettait ? Il n'en est pas moins vrai que de nouvelles réclamations se firent entendre « pour que les coutumes qui consacraient certains modes de partage..., et celles qui établissaient un douaire même en faveur des enfants fussent abolies ». La Convention nationale fut saisie de ces pétitions, elle entendit des rapporteurs, et, par une loi du 9 fructidor an II, « considérant que la loi du 17 nivôse ramène tout à l'uniformité par l'abolition des coutumes sur le fait des dispositions, depuis le 14 juillet 1789, et qu'ainsi la question posée se trouve déjà affirmativement décidée par les termes généraux de la loi », l'Assemblée décréta qu'il n'y avait pas lieu de délibérer (1).

Enfin une loi du 9 Fructidor an III (2) décida que la

(1) *Collection générale des lois*, depuis 1789 au 1er avril 1814, tome V, *Bulletin des lois*, n° 53.

(2) Même ouvrage, an III. *Bulletin des lois*, n° 174, p. 12.

loi du 17 Nivôse, an II, concernant les modes de transmission des biens, n'aurait d'effet que du jour de sa promulgation.

Par conséquent, c'est par l'article 61 de la loi du 17 Nivôse an II, que le douaire des enfants se trouvait exclu pour l'avenir de la législation française, Il ne devait plus y reparaître. Mais, devait-il en être de même des douaires dont l'espérance était née avant la loi de Nivôse, mais qui ne s'étaient ouverts que depuis ? En d'autres termes, les enfants nés de mariages antérieurs à la promulgation de l'article 61 étaient-ils privés de leur douaire sur les biens de leur père qui était décédé depuis ? Merlin (1) qui s'occupe de la question rapporte différents arrêts. La Cour de Rouen, malgré les textes que nous avons indiqués, refusait d'accorder le douaire ; la Cour de Caen admettait que dans les successions ouvertes après la publication de la loi du 17 Nivôse an II, on adjuge le tiers coutumier à des enfants issus de mariages contractés auparavant. La Cour de Cassation réprouva cette jurisprudence par arrêts des 29 Messidor, 4 Thermidor, 2 Fructidor an XII et 27 Primaire an XIII ; la Cour se fondait sur la loi du 22 Ventôse an II, qui confirmait la loi du 17 Nivôse, sur la loi du 9 Fructidor an III, qui ne maintenait que les tiers coutumiers ou les douaires réglés avant la loi de Nivôse an II, et, elle concluait, étant d'accord

______

(1) Merlin. *Répertoire de jurisprudence*, tome XVII, verbo : tiers coutumier, et aussi *Recueil de questions de droits*, verbo : tiers coutumier.

d'ailleurs avec les principes que nous avons émis au cours de cette étude, que la coutume ne donnait aux enfants qu'une espérance, quand le douaire n'était ni ouvert ni réglé, et que cette espérance n'étant pas un droit acquis, était comprise dans l'abolition générale de toute transmission de biens à titre gratuit.

CONCLUSION

Nous arrivons ainsi à la fin de notre tâche. Après avoir recherché l'origine du douaire des enfants, nous l'avons suivi à travers les âges, nous l'avons vu exister dans une grande partie de la France. Puis, quand les documents l'ont permis, nous avons étudié les règles auxquelles il obéissait, les principes qui le réglaient, et l'interprétation que la jurisprudence faisait de ces principes. Nous nous sommes ainsi rendu compte du soin avec lequel les jurisconsultes de notre ancien droit avaient cherché à connaître cette institution jusque dans ses moindres détails ; et, plein d'admiration pour leur haute intelligence et pour la valeur remarquable de leurs gigantesques travaux, nous avons cru que le plus sage était de nous laisser guider par eux, et de les suivre, en tout, dans leurs heureuses inspirations. Enfin, nous avons vu disparaître le douaire des enfants.

Cette disparition, on aurait pu la croire momentanée ; il aurait pu arriver, qu'abrogé et écarté sous la période révolutionnaire, le douaire reparut ensuite, sous une autre forme, ou avec un autre nom. Il n'en fut rien. Les travaux préparatoires ne nous disent même pas qu'il fut parlé de son rétablissement au moment de la rédaction du Code civil. Cette institution, en effet, avait un esprit tout à fait opposé à celui qui devait animer nos législateurs. Comment admettre, dans un pays, où tout était basé sur la liberté la plus absolue, dans un pays où le mot de liberté, en principe du moins, était le résumé de la Constitution; comment admettre une institution, qui rendait inaliénables et imprescriptibles pendant la plupart du temps où il aurait dû en jouir, les biens de plus grande valeur qu'un homme pouvait posséder. La Révolution venait précisément de rendre libres les biens immobiliers, d'empêcher, par l'abolition des majorats et des substitutions, que des richesses, qui auraient dû fructifier et s'accroître de jour en jour, restent inactives et par conséquent improductives. Ce n'était pas le cas de rétablir le douaire des enfants.

Aussi, cette institution, nous l'avons dit en commençant, est aujourd'hui tout à fait oubliée. Nous avons essayé de la faire revivre. Si, au point de vue du droit pratique actuel, nous n'avons pas fait œuvre utile, nous avons l'espoir, et c'est là notre récompense, d'avoir fait connaître à quelques-uns le douaire des enfants, d'avoir rappelé aux autres ses principaux caractères; d'avoir, en un mot, coopéré, bien faiblement sans doute, à l'extension de l'histoire de nos institutions juridiques anciennes.

TABLE DES MATIÈRES

Pages.

Bibliographie.. 5

Introduction... 15

PREMIÈRE PARTIE

Aperçu historique.

Chapitre   I. — Origine du douaire des enfants..... 21

Chapitre   II. — Développement du douaire des enfants du xiiie siècle à l'époque de la rédaction des Coutumes....... 35

DEUXIÈME PARTIE

Étude du douaire des enfants.

Chapitre   I. — De la variété des Coutumes au sujet du douaire des enfants, et de l'influence, sur cette institution, des principes admis sur la réalité et la personnalité des Coutumes.. 53

Chapitre   II. — Nature et composition du douaire des enfants......................... 77

Chapitre   III. — Du droit des enfants au douaire avant son ouverture. Ouverture du douaire..................... 122

Chapitre   IV. — A quels enfants et sous quelles conditions était dû le douaire ?....... 147

Chapitre   V. — Donations faites aux enfants sujettes au rapport. Comment s'effectuait ce rapport 171

Chapitre   VI. — Comment se partage le douaire des enfants et quels enfants y font part ? 190

Chapitre   VII. — Des actions auxquelles pouvait donner lieu le douaire des enfants, et de la prescription en matière de douaire des enfants 204

Chapitre VIII. — Institutions se rapprochant du douaire des enfants : le tiers contumier, le droit de dévolution 233

Chapitre   IX. — Abrogation du douaire des enfants.. 242

Conclusion 247

LILLE. — IMP. H. MOREL, 77, RUE NATIONALE